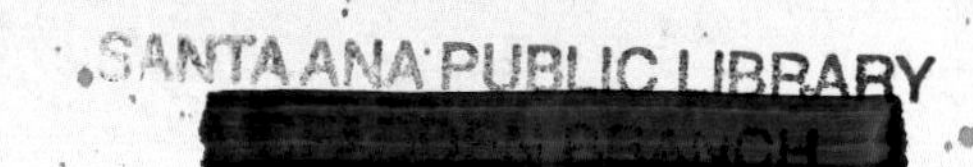

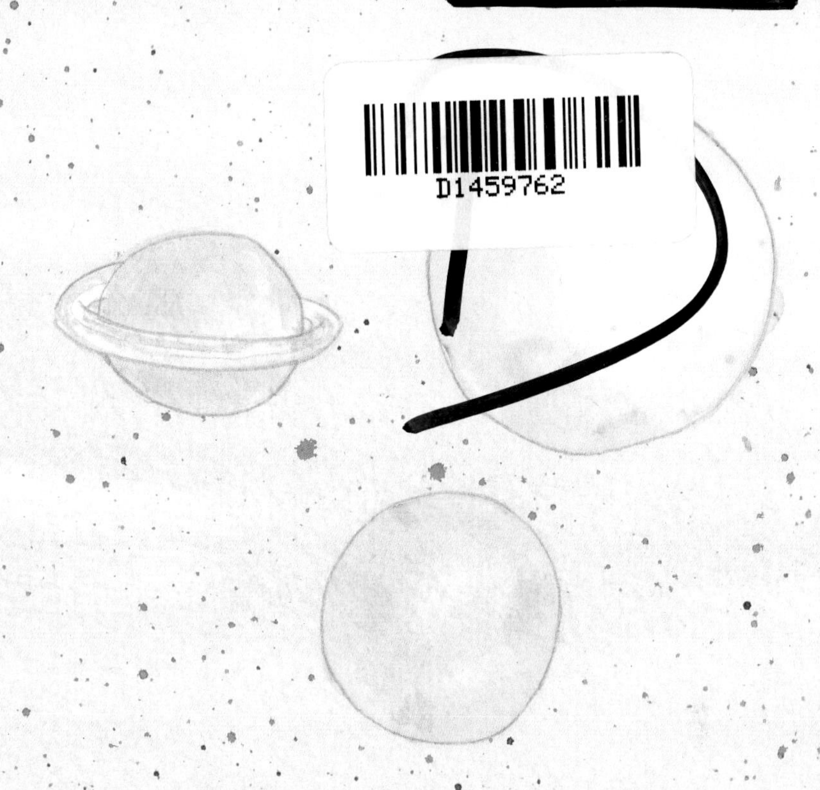

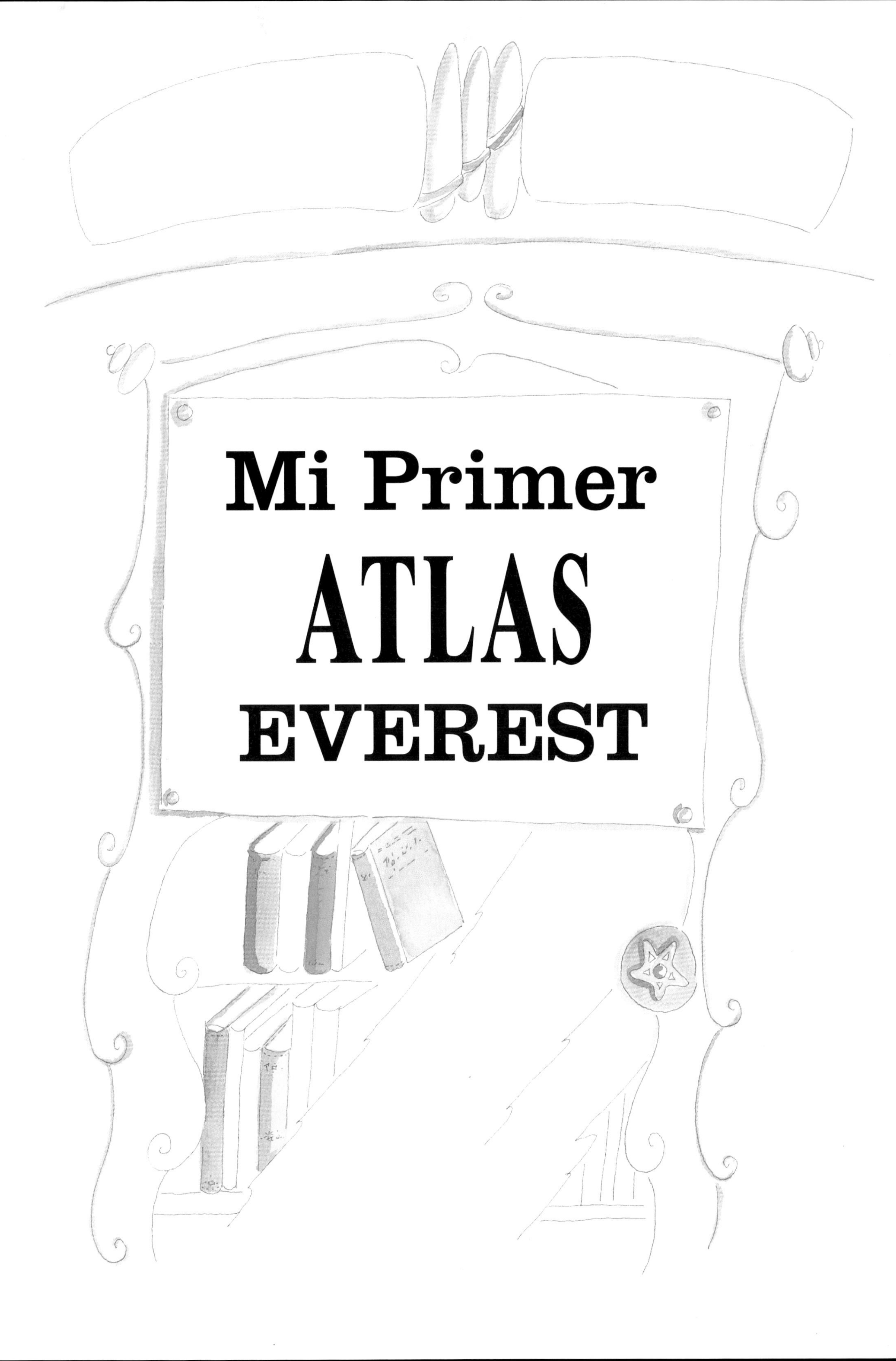
Mi Primer
ATLAS
EVEREST

EDITORIAL EVEREST, S. A.

Madrid • León • Barcelona • Sevilla • Granada • Valencia
Zaragoza • Las Palmas de Gran Canaria • La Coruña
Palma de Mallorca • Alicante • México • Lisboa

Coordinación editorial de la colección
José Cruz Rodríguez

Ilustraciones
Ester Madroñero Ferreiro

QUINTA EDICIÓN

Carretera León-La Coruña, km 5 - LEÓN
ISBN: 84-241-1206-7
Depósito legal: LE. 117-2000
Printed in Spain - Impreso en España

EDITORIAL EVERGRÁFICAS, S. L.
Carretera León-La Coruña, km 5
LEÓN (España)

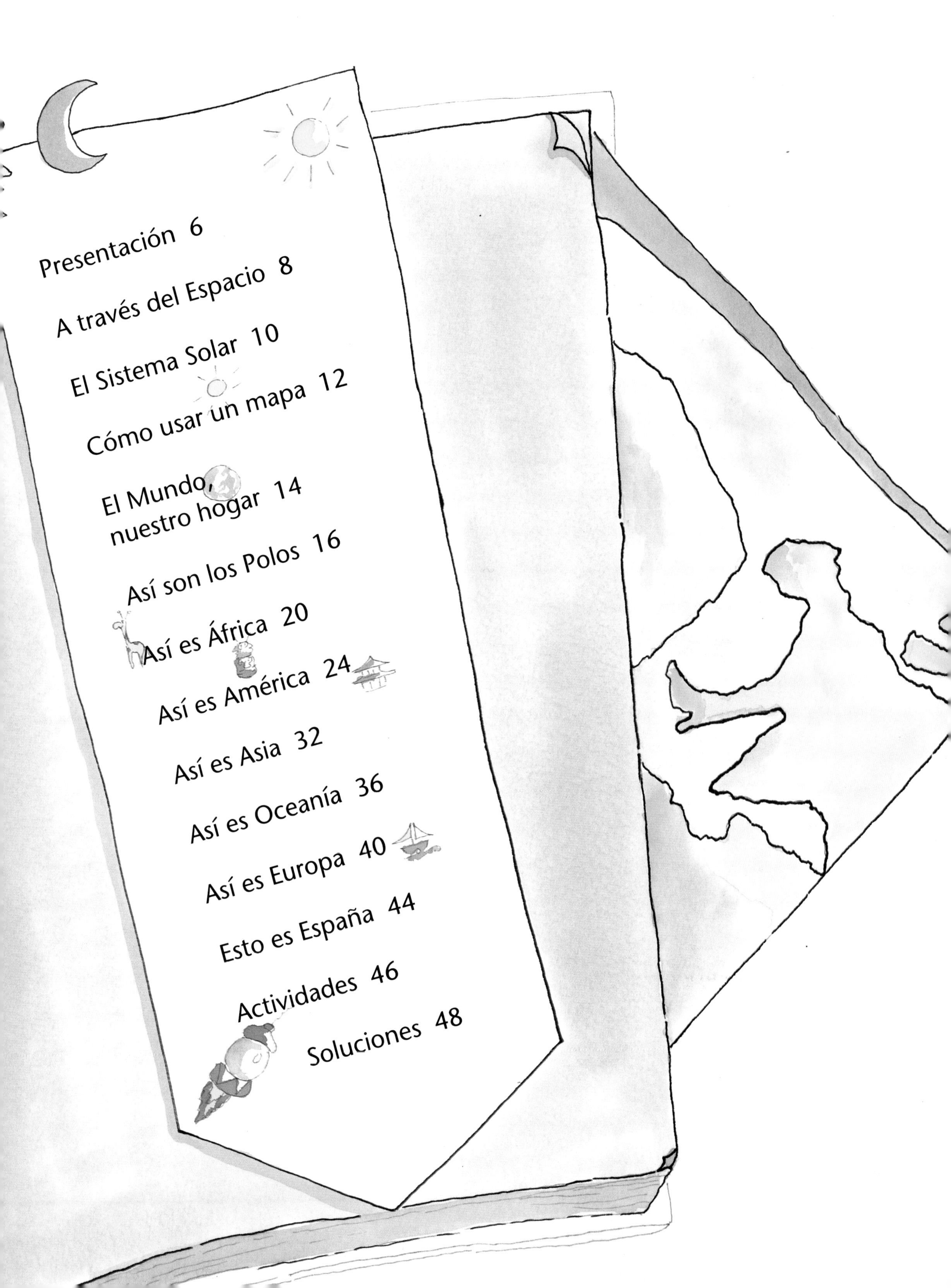

HOLA AMIGOS:

MI NOMBRE ES OSKAR Y PROCEDO DE UNA ESTRELLA MUY, MUY LEJANA. UN DÍA AL SALIR DEL COLEGIO –SÍ, NO TE RÍAS, EN MI ESTRELLA TAMBIÉN VAMOS AL COLEGIO–, ENCONTRÉ UN LIBRO MUY BONITO CON MAPAS, QUE HABLABA DE UN PEQUEÑO PLANETA LLAMADO TIERRA. ESTE LIBRO CONTABA QUE ALLÍ TAMBIÉN HABÍA VIDA, COMO EN MI ESTRELLA, Y QUE LA GENTE PODÍA MANTENERSE VIVA RESPIRANDO POR LA NARIZ Y ALIMENTÁNDOSE POR LA BOCA. NO ME LO PENSÉ DOS VECES Y EN CUANTO ME DIERON LAS VACACIONES MONTÉ EN MI NAVE Y SALÍ ZUMBANDO. SERÁ MUY DIVERTIDO PENSÉ, VER A ALGUIEN CON UNA CHIMENEA POR NARIZ, Y UNA BOCA TAN GRANDE COMO UN TÚNEL.

LLEVO VARIOS DÍAS VIAJANDO Y AÚN NO HE CONSEGUIDO VER NADA PARECIDO A LO QUE CUENTA EL LIBRO QUE ME ENCONTRÉ. LOS TERRÍCOLAS, QUE ASÍ SE LLAMA A LOS HABITANTES DE LA TIERRA, LLAMAN A ESTE LIBRO ATLAS. TODAVÍA NO HE ENTENDIDO POR QUÉ, A MI ME DA LA IMPRESIÓN QUE ES COMO UN LIBRO PARA TURISTAS. DICEN QUE UN ATLAS EN UNA COLECCIÓN DE MAPAS PARA SABER CUÁL ES EL ASPECTO DEL MUNDO. A MI ME RECUERDA MUCHO A LOS ÁLBUMES CON FOTOGRAFÍAS DE LA FAMILIA.

IMAGÍNATE QUE CADA MIEMBRO DE TU FAMILIA FUERA UN CONTINENTE, –¿CÓMO? NO TE HE OÍDO BIEN, QUE NO SABES LO QUE ES UN CONTINENTE, PUES ES CADA UNA DE LAS GRANDES SUPERFICIES

DE TIERRA DONDE VIVEN LOS TERRÍCOLAS; ESPERO QUE YA NO SE TE OLVIDE NUNCA–. PUES BIEN, IGUAL QUE EN UN ÁLBUM VAS PONIENDO LAS FOTOGRAFÍAS DE TU PAPÁ, TU MAMÁ, TU HERMANO, TU HERMANA, IGUAL HASTA PONES ALGUNA DE UN AMIGO O AMIGA ¡A LO MEJOR HASTA TIENES ALGUNA DE TODOS JUNTOS!; PUES ESTO, NI MÁS NI MENOS, ES UN ATLAS. UN CONJUNTO DE IMÁGENES DE TODO AQUELLO QUE FORMA PARTE DE UNA GRAN FAMILIA: EL MUNDO.
ADEMÁS DE TODO ESTO, EN ÉL HE VISTO DÓNDE SE ENCUENTRA LA TIERRA DENTRO DEL SISTEMA SOLAR Y CÓMO LLEGAR A ELLA.
TAMBIÉN HE APRENDIDO QUÉ PLANETAS DAN VUELTAS JUNTO CON LA TIERRA ALREDEDOR DEL SOL, Y QUE MIENTRAS EN LA MITAD DE LA TIERRA, ES DE DÍA, LA OTRA MITAD ESTÁ DORMIDA.
NO TE PREOCUPES SI AHORA NO ENTIENDES ALGUNA COSA, CUANDO ACABES DE LEER ESTE LIBRO SEGURO QUE LO ENTIENDES TODO.

SI QUIERES ACOMPAÑARME PUEDES VENIR CONMIGO, TE LLEVARÉ A DAR UN ESTUPENDO VIAJE ALREDEDOR DEL MUNDO, PARA QUE CONOZCAS EL PLANETA DONDE VIVES.

AUNQUE, AQUÍ TODO LO VEAS PLANO, USA TU IMAGINACIÓN, PIENSA QUE A LA TIERRA TAMBIÉN SE LA LLAMA "GLOBO" PORQUE ES REDONDA, COMO UNA PELOTA. TE PROMETO QUE NO TE ARREPENTIRÁS...

¡BUEN VIAJE!

OSKAR

Bueno, el viaje ya ha comenzado. «Señores pasajeros, abróchense los cinturones, nuestro destino es la Tierra, el llamado «Planeta Azul». En primer lugar atravesaremos una zona de turbulencias llamada **Vía Láctea***, para finalmente llegar al **Sistema Solar***. El comandante Oskar y su tripulación les desean un feliz viaje ».
JÚPITER
SOL
TIERRA
SATURNO
MADE IN TAIWAN
¡ji ji!
¡oye! que yo no soy la vía Láctea
¿?
***Sistema Solar:** es el conjunto de planetas que giran alrededor del Sol. Entre ellos está la Tierra.
***Vía Láctea:** es un grupo de estrellas o galaxia con forma de espiral, parecida a un chorro de gotitas de leche. El Sistema Solar está dentro de ella.

***Atmósfera:** es la piel de aire que rodea la Tierra. Sin ella no podríamos respirar.
***Gravedad:** es la fuerza que nos mantiene pegados al suelo. En el espacio no hay gravedad.

¿Sabías que el Sistema Solar tiene 4.700 millones de años?
Fíjate yo que pensé que era vieja
NEPTUNO
NEPTUNO: SE CREE QUE ESTÁ HECHO DE GASES, POR ESO TIENE ESE COLOR.
VENUS
VENUS: SUS NUBES DE COLOR AMARILLO NOS IMPIDEN VER SU SUPERFICIE.
LOS ASTEROIDES SON PEQUEÑOS TROZOS DE ROCA QUE GIRAN ALREDEDOR DEL SOL.
Socorro, me persiguen los planetas.
JÚPITER: ES EL MÁS GRANDE DE TODOS LOS PLANETAS DEL SISTEMA SOLAR.
JÚPITER
Tranquilo, simplemente giran alrededor del Sol.

El viaje va sobre ruedas, sólo he tenido que seguir la luz del Sol para llegar al Sistema Solar. Desde aquí se puede ver el Sol en el centro y unas pelotitas que giran a su alrededor. Ya sé, son los planetas siguiendo su **órbita***.

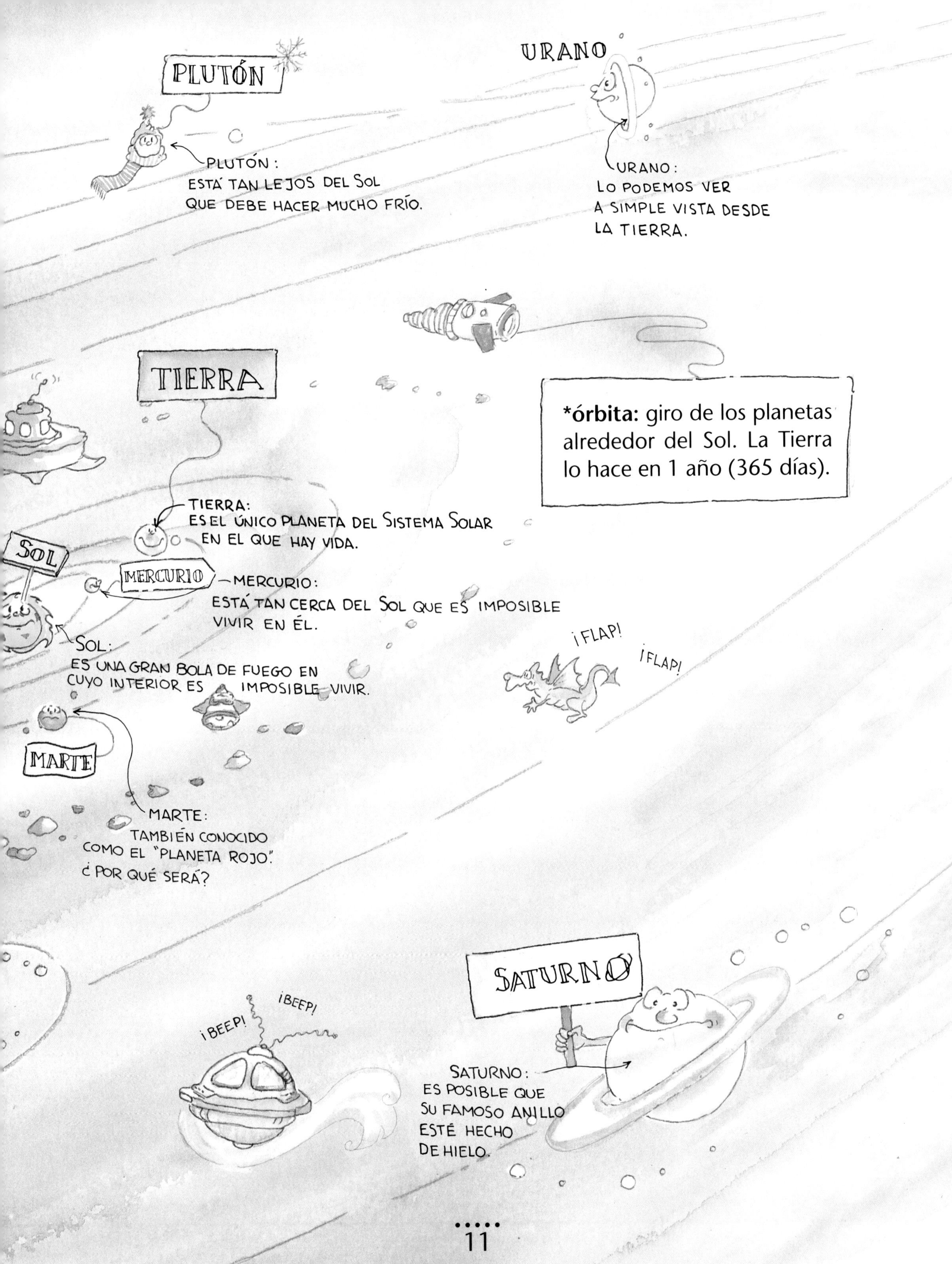

***órbita:** giro de los planetas alrededor del Sol. La Tierra lo hace en 1 año (365 días).

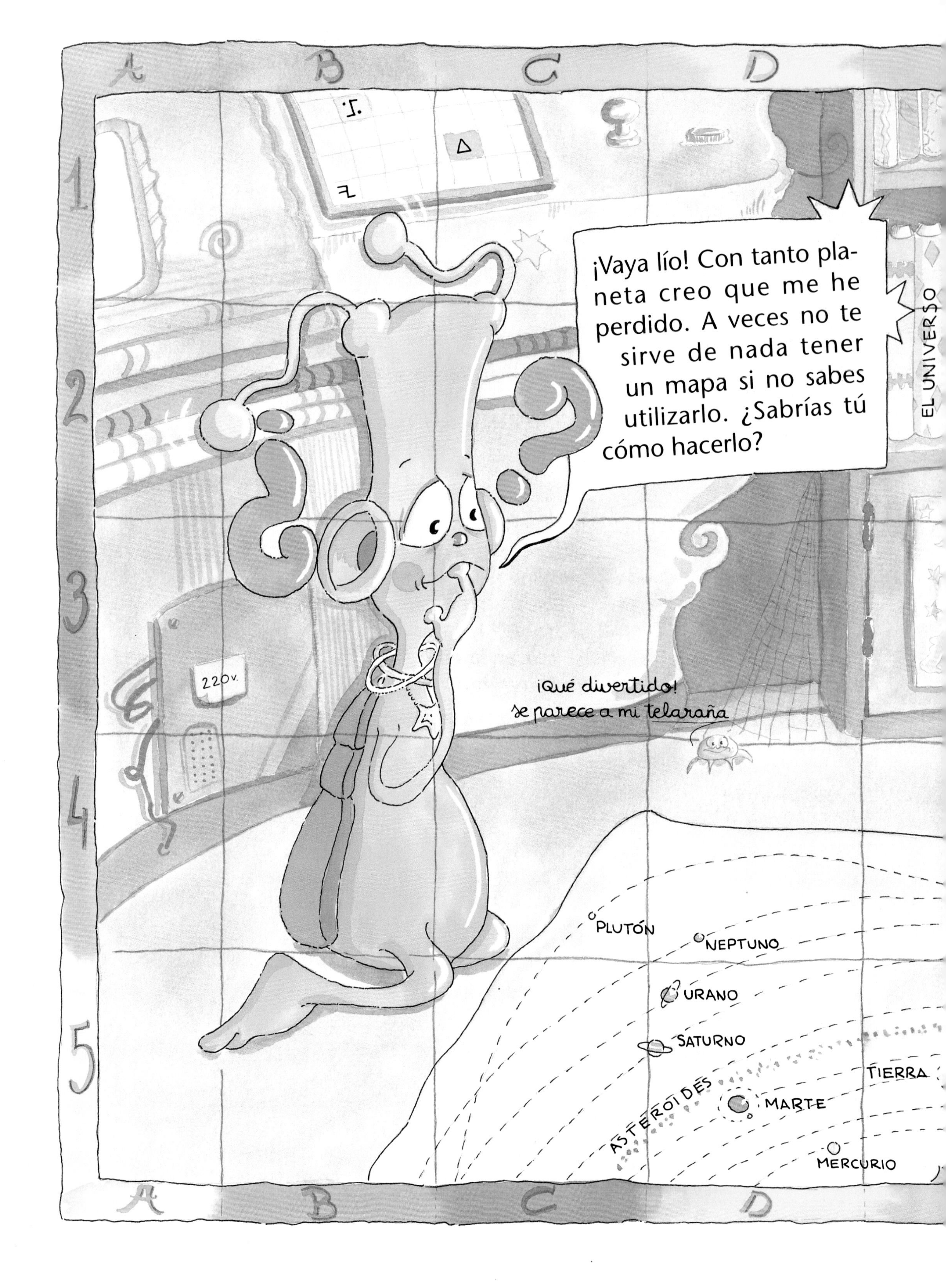
¡Vaya lío! Con tanto planeta creo que me he perdido. A veces no te sirve de nada tener un mapa si no sabes utilizarlo. ¿Sabrías tú cómo hacerlo?
¡Qué divertido! se parece a mi telaraña
220 v.
EL UNIVERSO
PLUTÓN
NEPTUNO
URANO
SATURNO
ASTEROIDES
MARTE
TIERRA
MERCURIO
A B C D
1 2 3 4 5

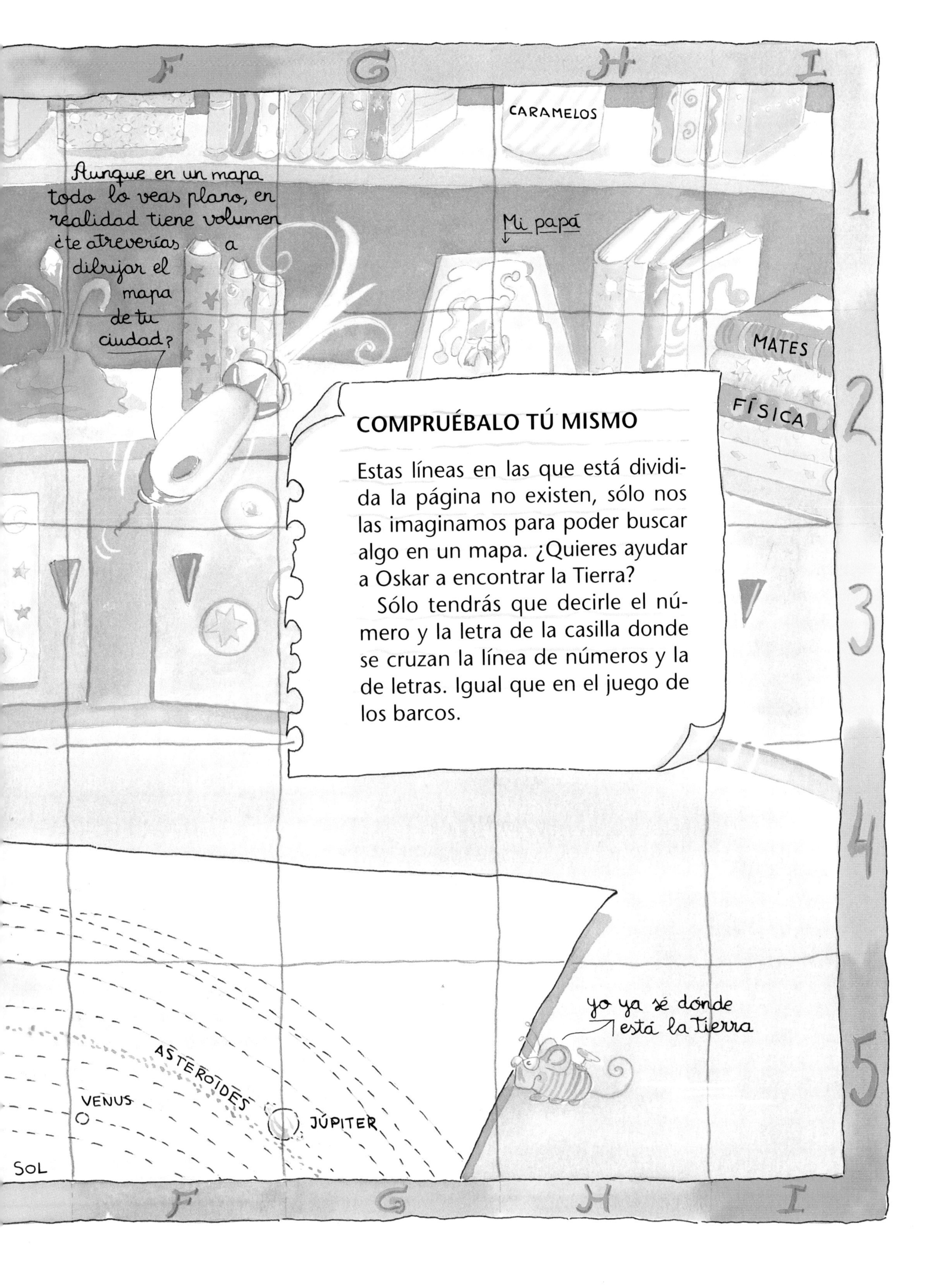
F G H I
CARAMELOS
Aunque en un mapa todo lo veas plano, en realidad tiene volumen ¿te atreverías a dibujar el mapa de tu ciudad?
Mi papá
MATES
FÍSICA
1
2
3
4
5
yo ya sé dónde está la Tierra
ASTEROIDES
VENUS
JÚPITER
SOL
F G H I

COMPRUÉBALO TÚ MISMO

Estas líneas en las que está dividida la página no existen, sólo nos las imaginamos para poder buscar algo en un mapa. ¿Quieres ayudar a Oskar a encontrar la Tierra?

Sólo tendrás que decirle el número y la letra de la casilla donde se cruzan la línea de números y la de letras. Igual que en el juego de los barcos.

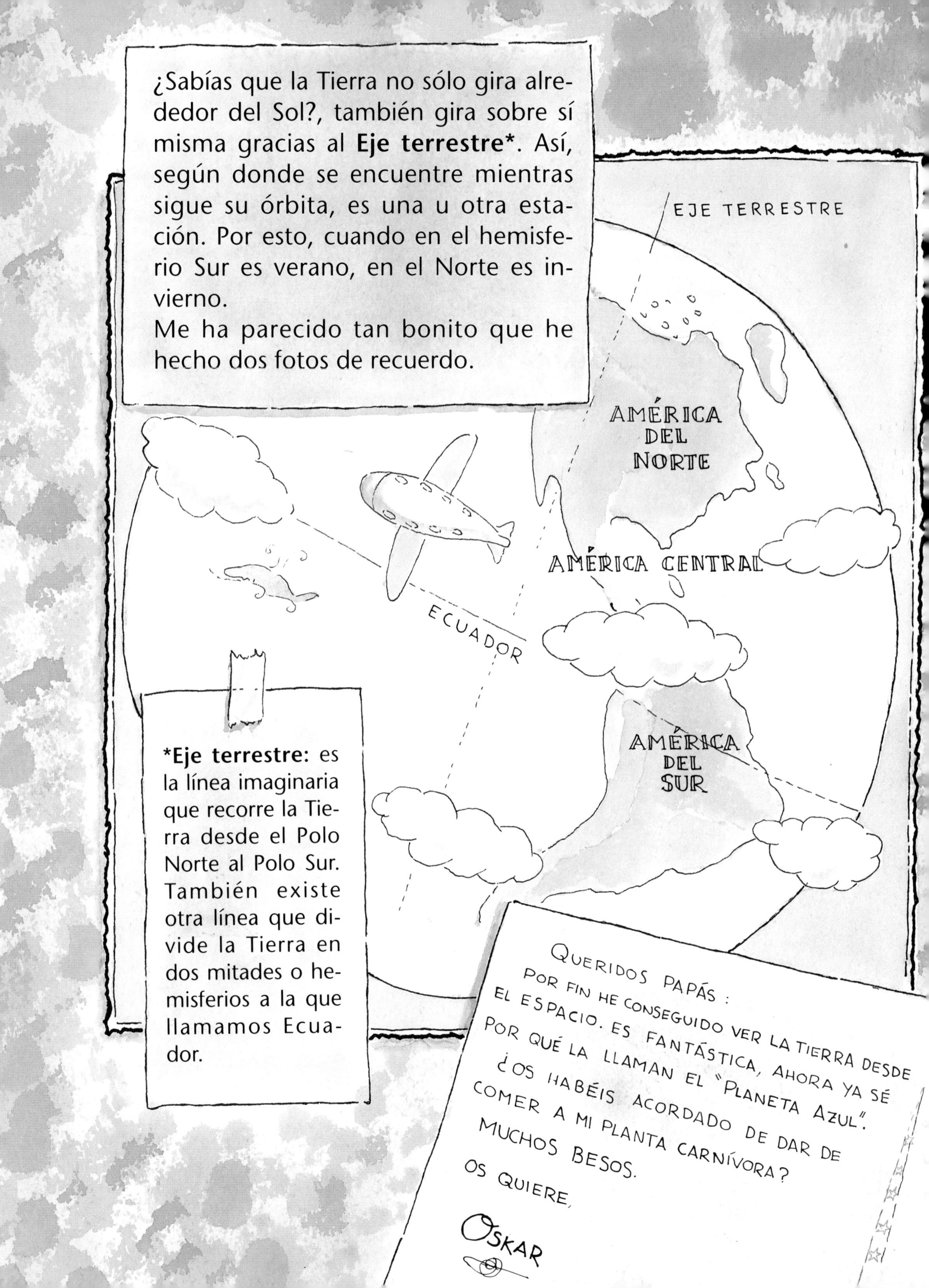
EJE TERRESTRE
AMÉRICA DEL NORTE
AMÉRICA CENTRAL
ECUADOR
AMÉRICA DEL SUR
QUERIDOS PAPÁS:
POR FIN HE CONSEGUIDO VER LA TIERRA DESDE EL ESPACIO. ES FANTÁSTICA, AHORA YA SÉ POR QUÉ LA LLAMAN EL "PLANETA AZUL".
¿OS HABÉIS ACORDADO DE DAR DE COMER A MI PLANTA CARNÍVORA?
MUCHOS BESOS.
OS QUIERE,
OSKAR

¿Sabías que la Tierra no sólo gira alrededor del Sol?, también gira sobre sí misma gracias al **Eje terrestre***. Así, según donde se encuentre mientras sigue su órbita, es una u otra estación. Por esto, cuando en el hemisferio Sur es verano, en el Norte es invierno.
Me ha parecido tan bonito que he hecho dos fotos de recuerdo.

***Eje terrestre:** es la línea imaginaria que recorre la Tierra desde el Polo Norte al Polo Sur. También existe otra línea que divide la Tierra en dos mitades o hemisferios a la que llamamos Ecuador.

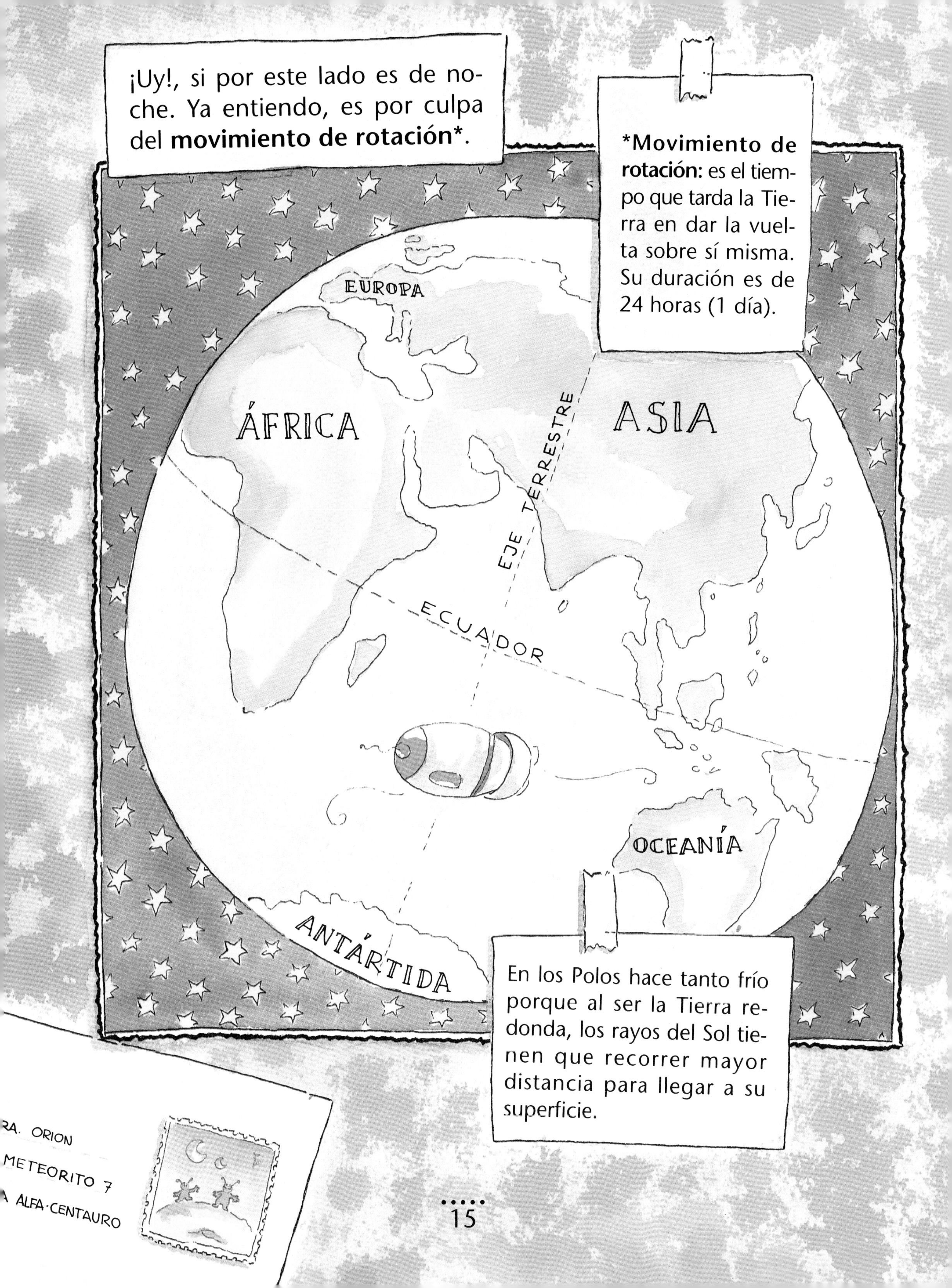
¡Uy!, si por este lado es de noche. Ya entiendo, es por culpa del **movimiento de rotación***.
***Movimiento de rotación:** es el tiempo que tarda la Tierra en dar la vuelta sobre sí misma. Su duración es de 24 horas (1 día).
EUROPA
ÁFRICA
ASIA
EJE TERRESTRE
ECUADOR
OCEANÍA
ANTÁRTIDA
En los Polos hace tanto frío porque al ser la Tierra redonda, los rayos del Sol tienen que recorrer mayor distancia para llegar a su superficie.
ORION
METEORITO 7
ALFA-CENTAURO

Si observas desde el Espacio la gruesa capa de hielo que recubre las zonas cercanas a los Polos, se parece a dos cascos helados. ¿Será por esto que se les llama casquetes polares?
EJE TERRESTRE
NOCHE
LUZ SOLAR
SOL
ECUADOR
DÍA
RECUERDA:
LA TIERRA GIRA ALREDEDOR DEL SOL.
Me han dicho que en verano el Polo Norte tiene luz todo el día. Mientras, en el Polo Sur, casi no la ven hasta el invierno.

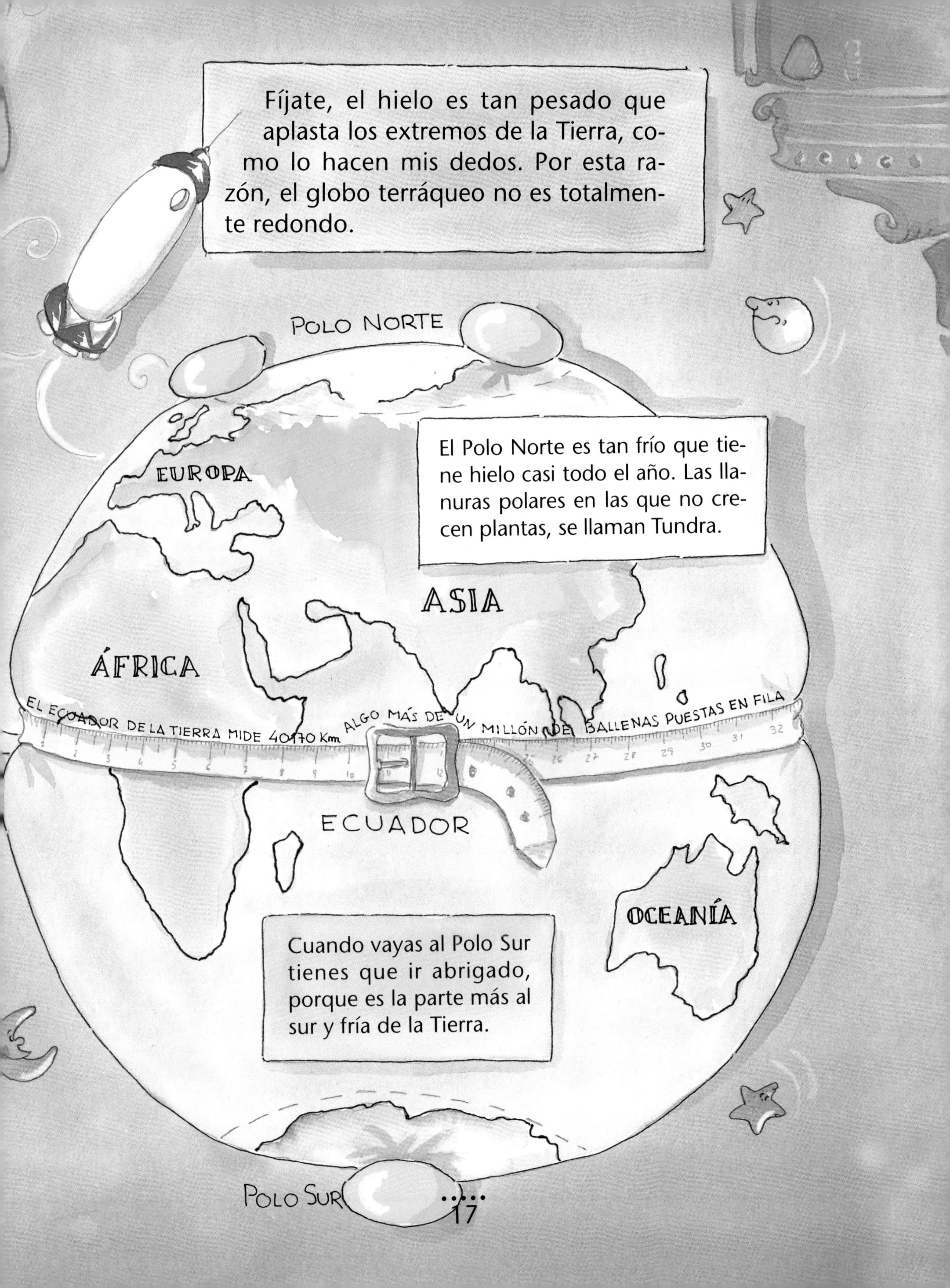
Fíjate, el hielo es tan pesado que aplasta los extremos de la Tierra, como lo hacen mis dedos. Por esta razón, el globo terráqueo no es totalmente redondo.
POLO NORTE
El Polo Norte es tan frío que tiene hielo casi todo el año. Las llanuras polares en las que no crecen plantas, se llaman Tundra.
EUROPA
ASIA
ÁFRICA
EL ECUADOR DE LA TIERRA MIDE 40170 Km
ALGO MÁS DE UN MILLÓN DE BALLENAS PUESTAS EN FILA
ECUADOR
OCEANÍA
Cuando vayas al Polo Sur tienes que ir abrigado, porque es la parte más al sur y fría de la Tierra.
POLO SUR

El Polo Norte está en el océano Glacial Ártico. Puedes ir allí a patinar con tus amigos, pues está helado. Por sus frías aguas navegan como si fueran barcos a la deriva, grandes **icebergs***. A su alrededor se puede ver la parte norte de América, Asia y Europa. ¿Sabías que si usas una brújula en el Polo Norte, la aguja siempre señalará al Sur?
GROENLANDIA
Mi casa es de madera, pero a veces vivo en una casita de hielo llamada iglú.
El americano Peary llegó en 1909 al Polo Norte.
OCÉANO GLACIAL ÁRTICO
EUROPA
AMÉRICA DEL NORTE
¡Hola!, soy un esquimal. Vivo en el Polo Norte y me dedico a cazar y pescar.
ASIA
***Iceberg:** enorme trozo de hielo que flota en el mar.

El Polo Sur está en la Antártida, el sexto continente. Un continente es cada una de las superficies de tierra separadas por los océanos. Los otros cinco son África, América, Asia, Europa y Oceanía.
ANTÁRTIDA
OCÉANO GLACIAL ANTÁRTICO
El noruego Amundsen llegó en 1911 al Polo Sur.
Los pingüinos somos uno de los pocos animales que vivimos en la Antártida. No creas que es fácil, hace muchísimo frío.

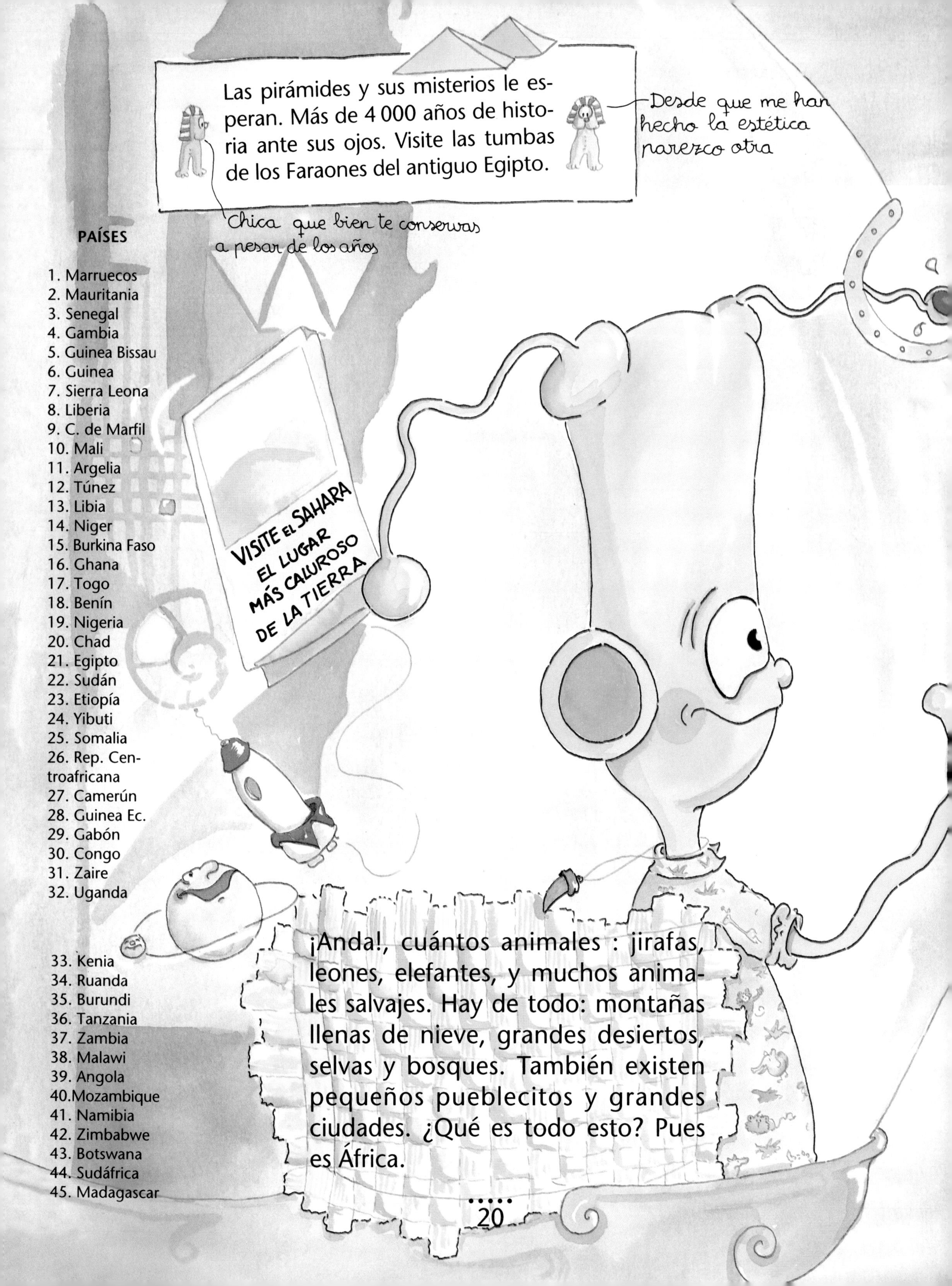
Las pirámides y sus misterios le esperan. Más de 4 000 años de historia ante sus ojos. Visite las tumbas de los Faraones del antiguo Egipto.
Desde que me han hecho la estética parezco otra
Chica que bien te conservas a pesar de los años
VISITE EL SAHARA EL LUGAR MÁS CALUROSO DE LA TIERRA
PAÍSES
1. Marruecos
2. Mauritania
3. Senegal
4. Gambia
5. Guinea Bissau
6. Guinea
7. Sierra Leona
8. Liberia
9. C. de Marfil
10. Mali
11. Argelia
12. Túnez
13. Libia
14. Niger
15. Burkina Faso
16. Ghana
17. Togo
18. Benín
19. Nigeria
20. Chad
21. Egipto
22. Sudán
23. Etiopía
24. Yibuti
25. Somalia
26. Rep. Centroafricana
27. Camerún
28. Guinea Ec.
29. Gabón
30. Congo
31. Zaire
32. Uganda
33. Kenia
34. Ruanda
35. Burundi
36. Tanzania
37. Zambia
38. Malawi
39. Angola
40.Mozambique
41. Namibia
42. Zimbabwe
43. Botswana
44. Sudáfrica
45. Madagascar

¡Anda!, cuántos animales : jirafas, leones, elefantes, y muchos animales salvajes. Hay de todo: montañas llenas de nieve, grandes desiertos, selvas y bosques. También existen pequeños pueblecitos y grandes ciudades. ¿Qué es todo esto? Pues es África.

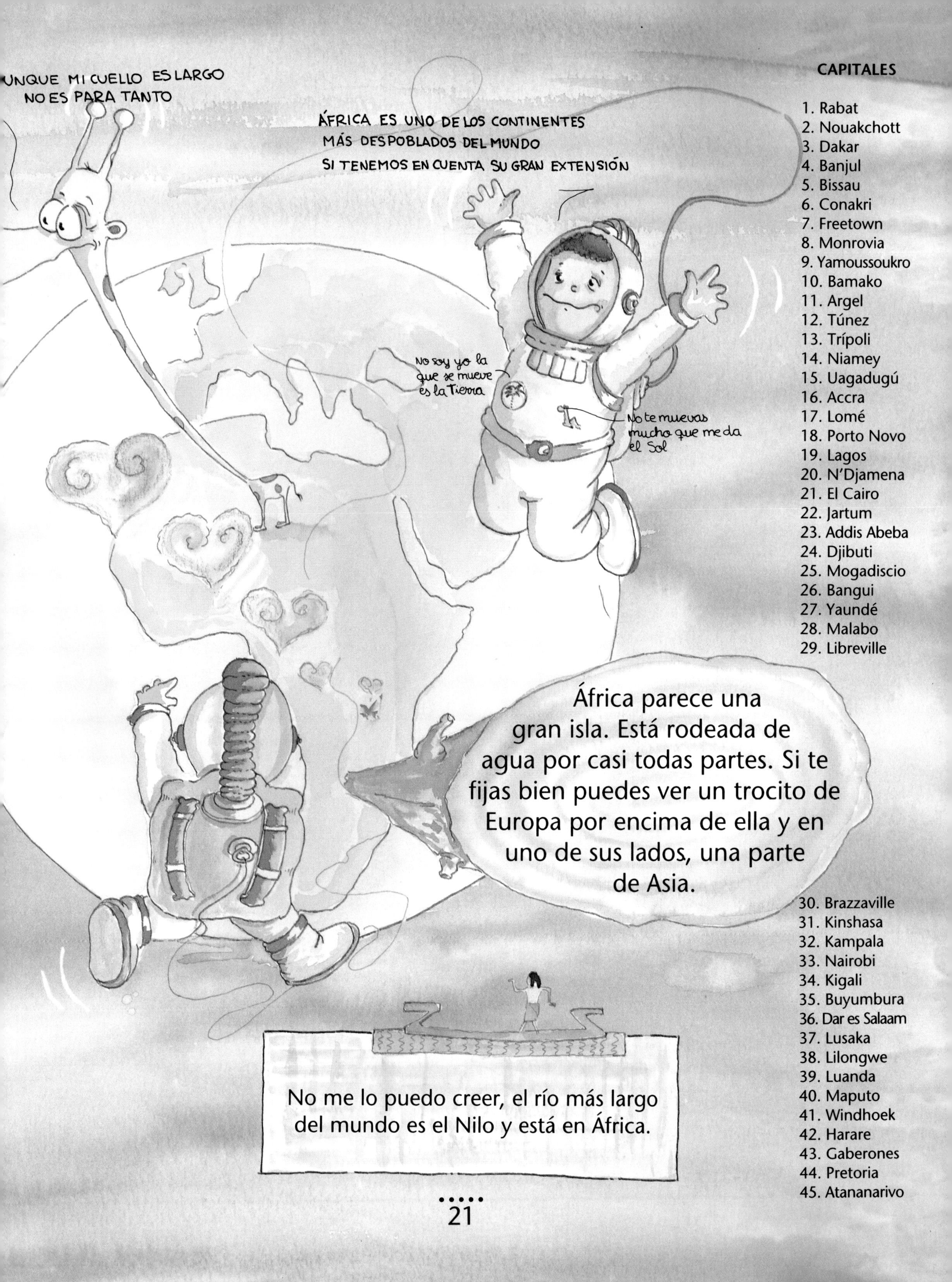
UNQUE MI CUELLO ES LARGO NO ES PARA TANTO
ÁFRICA ES UNO DE LOS CONTINENTES MÁS DESPOBLADOS DEL MUNDO SI TENEMOS EN CUENTA SU GRAN EXTENSIÓN
No soy yo la que se mueve es la Tierra
No te muevas mucho que me da el Sol
África parece una gran isla. Está rodeada de agua por casi todas partes. Si te fijas bien puedes ver un trocito de Europa por encima de ella y en uno de sus lados, una parte de Asia.
No me lo puedo creer, el río más largo del mundo es el Nilo y está en África.

CAPITALES

1. Rabat
2. Nouakchott
3. Dakar
4. Banjul
5. Bissau
6. Conakri
7. Freetown
8. Monrovia
9. Yamoussoukro
10. Bamako
11. Argel
12. Túnez
13. Trípoli
14. Niamey
15. Uagadugú
16. Accra
17. Lomé
18. Porto Novo
19. Lagos
20. N'Djamena
21. El Cairo
22. Jartum
23. Addis Abeba
24. Djibuti
25. Mogadiscio
26. Bangui
27. Yaundé
28. Malabo
29. Libreville
30. Brazzaville
31. Kinshasa
32. Kampala
33. Nairobi
34. Kigali
35. Buyumbura
36. Dar es Salaam
37. Lusaka
38. Lilongwe
39. Luanda
40. Maputo
41. Windhoek
42. Harare
43. Gaberones
44. Pretoria
45. Atananarivo

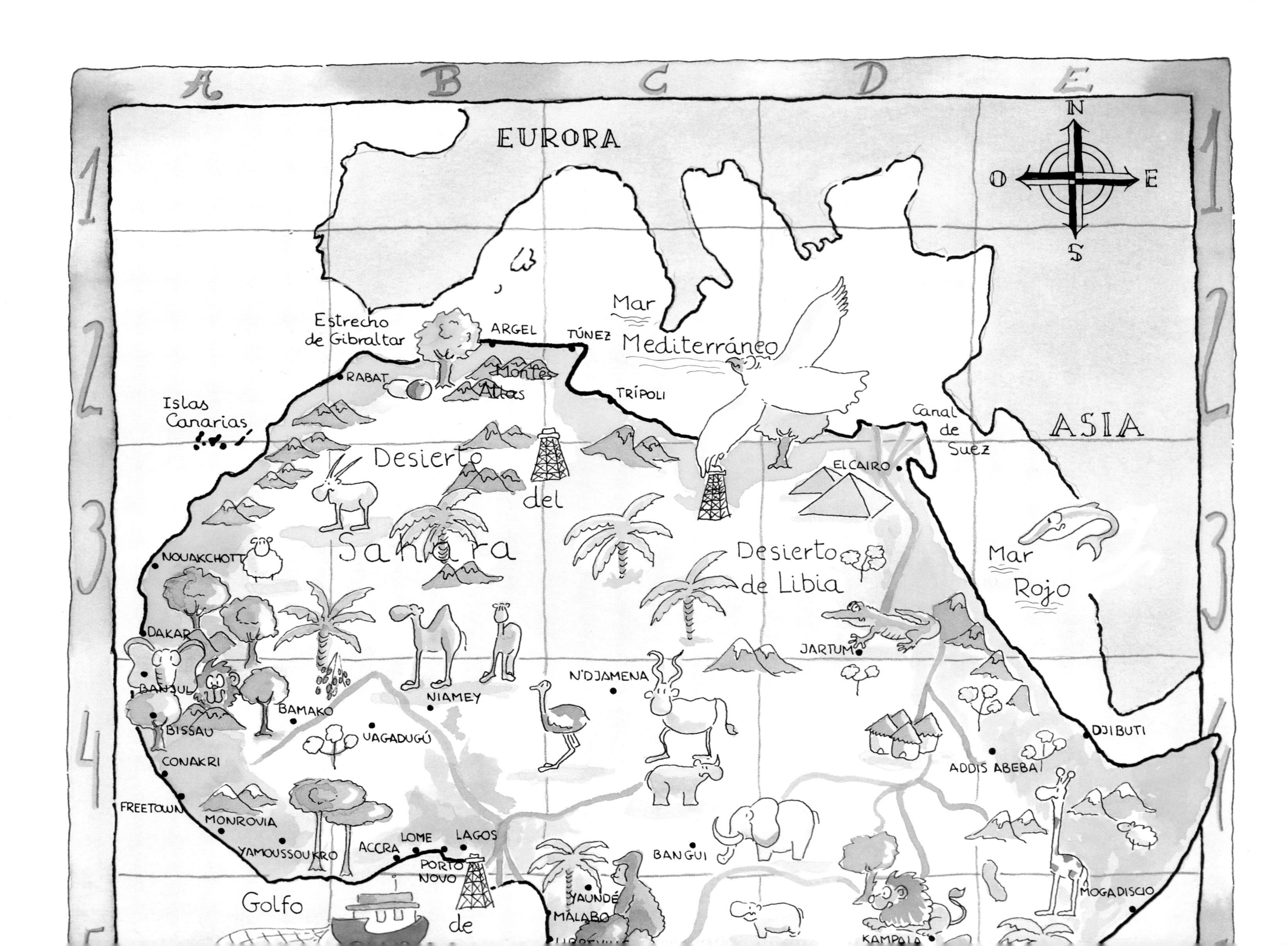
A
B
C
D
E
1
2
3
4
N
O
E
S
EURORA
ASIA
Mar Mediterráneo
Mar Rojo
Estrecho de Gibraltar
Canal de Suez
Islas Canarias
Montes Atlas
Desierto del Sahara
Desierto de Libia
Golfo de
RABAT
ARGEL
TÚNEZ
TRÍPOLI
EL CAIRO
NOUAKCHOTT
DAKAR
BANJUL
BISSAU
CONAKRI
FREETOWN
MONROVIA
YAMOUSSOUKRO
BAMAKO
UAGADUGÚ
NIAMEY
N'DJAMENA
JARTUM
DJIBUTI
ADDIS ABEBA
MOGADISCIO
ACCRA
LOME
PORTO NOVO
LAGOS
BANGUI
YAUNDÉ
MALABO

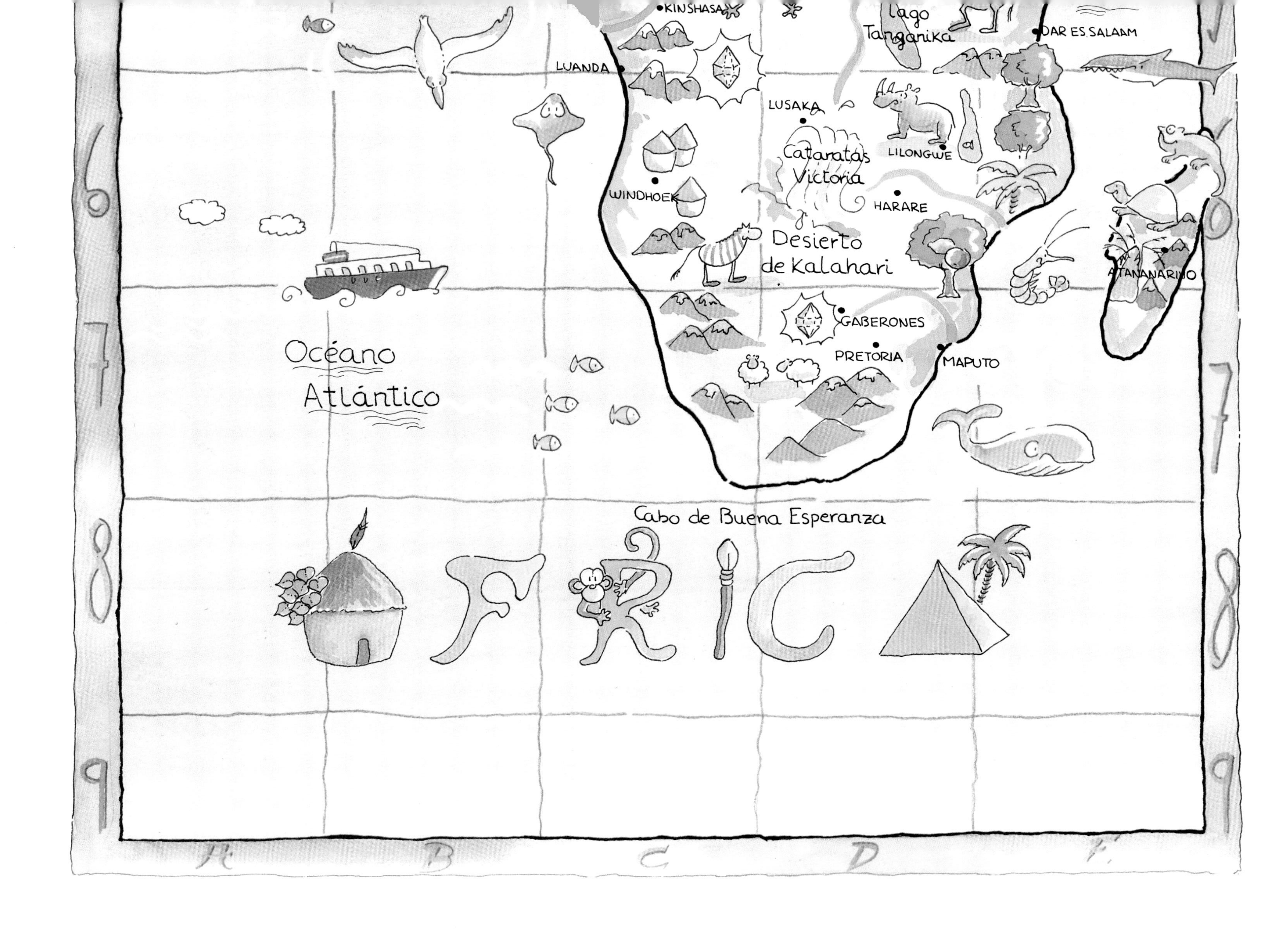
KINSHASA
Lago
Tanganika
DAR ES SALAAM
LUANDA
LUSAKA
Cataratas
Victoria
LILONGWE
WINDHOEK
HARARE
Desierto
de Kalahari
ATANANARIVO
GABERONES
PRETORIA
MAPUTO
Océano
Atlántico
Cabo de Buena Esperanza
FRICA
6
7
8
9
A
B
C
D
E

PAÍSES

1. Canadá
2. EE UU
3.México
4. Guatemala
5. Belice
6. Honduras
7. El Salvador
8. Nicaragua
9. Costa Rica
10. Panamá
11. Cuba
12. Colombia
13. Venezuela
14. Ecuador
15. Guyana
16. Surinam
17. Perú
18. Bolivia
19. Paraguay
20. Chile
21. Argentina
22. Uruguay
23. Brasil
24. Jamaica
25. R. Dominicana
26. Haití

CAPITALES

1.Ottawa
2. Washington D.C.
3. México D.F.
4. Guatemala
5. Belmopan
6. Tegucigalpa
7. San Salvador
8. Managua
9. San José
10. Panamá
11. La Habana
12. Bogotá
13. Caracas
14. Quito
15. Georgetown
16. Paramaribo
17. Lima
18. La Paz
19. Asunción
20. Santiago
21. Buenos Aires
22. Montevideo
23. Brasilia
24. Kingston
25. Sto. Domingo
26. Puerto Príncipe

Esto es América. Se extiende desde el océano Glacial Ártico, hasta la Antártida. Sus costas están bañadas por el océano Pacífico y el Atlántico. Está dividida en tres zonas: América del Norte, Central y del Sur.

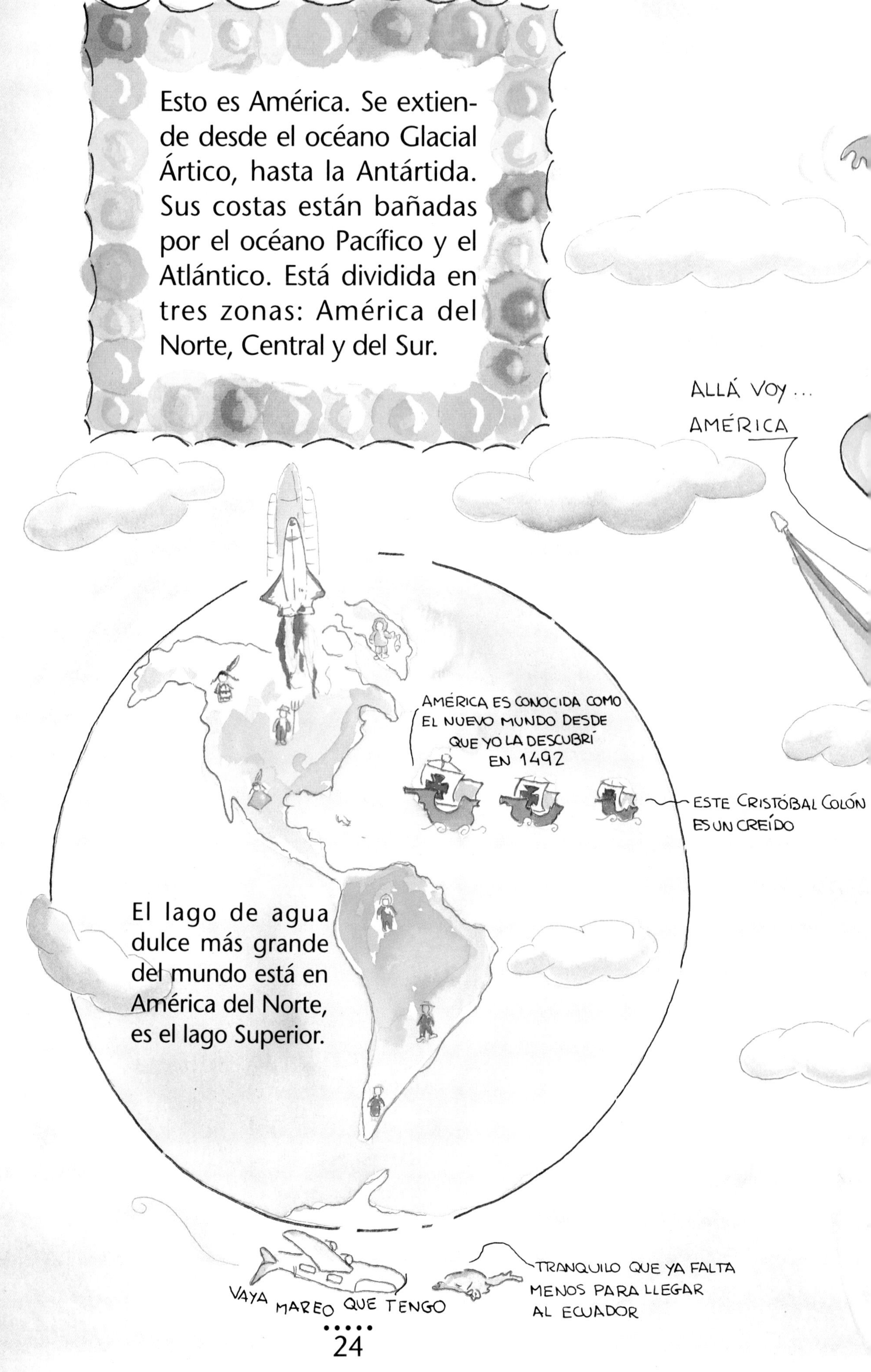

El lago de agua dulce más grande del mundo está en América del Norte, es el lago Superior.

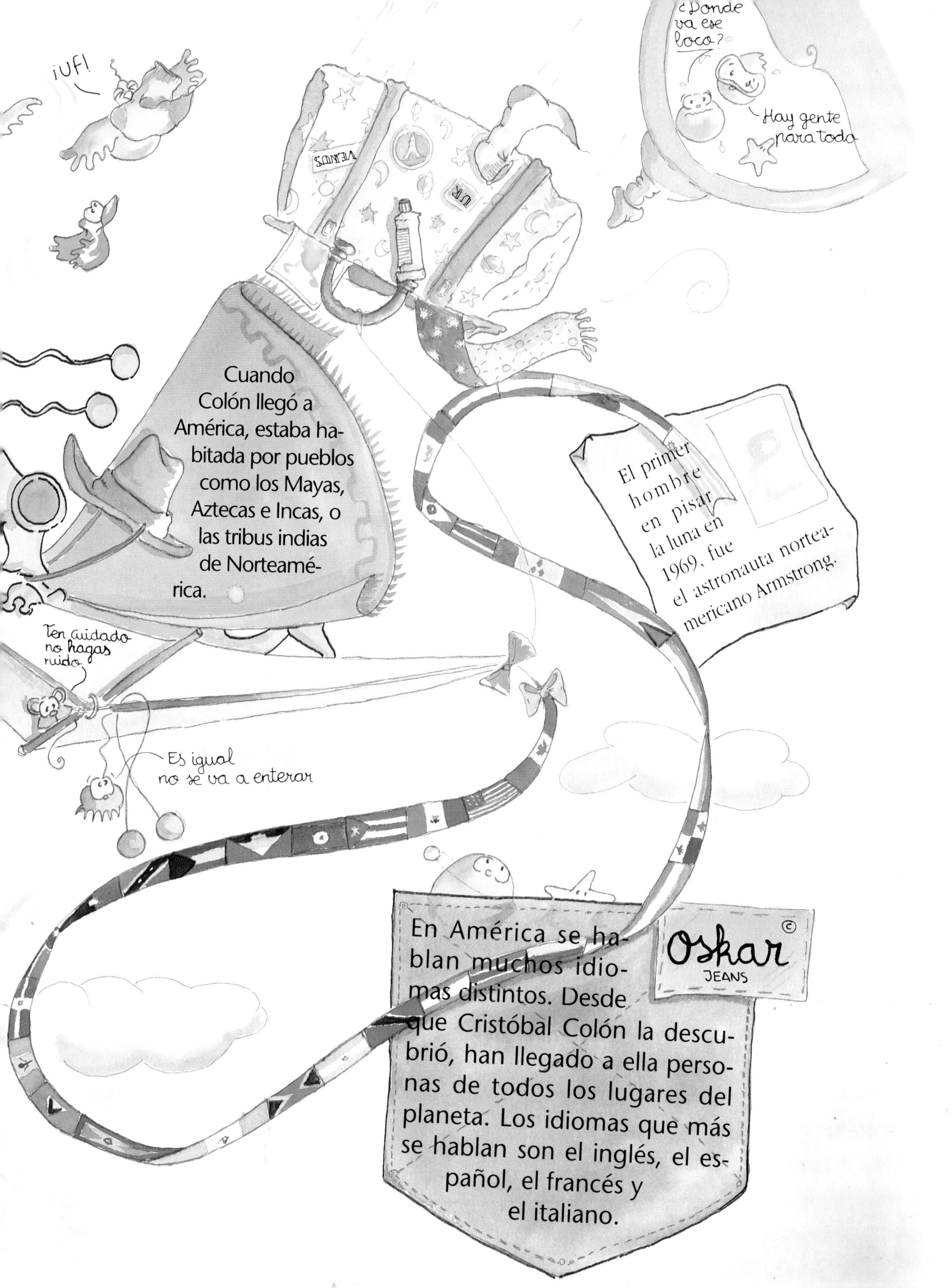

¡UF!
¿Dónde va ese loco?
Hay gente para todo
VENUS
UR
Cuando Colón llegó a América, estaba habitada por pueblos como los Mayas, Aztecas e Incas, o las tribus indias de Norteamérica.
El primer hombre en pisar la luna en 1969, fue el astronauta norteamericano Armstrong.
Ten cuidado no hagas ruido
Es igual no se va a enterar
En América se hablan muchos idiomas distintos. Desde que Cristóbal Colón la descubrió, han llegado a ella personas de todos los lugares del planeta. Los idiomas que más se hablan son el inglés, el español, el francés y el italiano.
Oskar ©
JEANS

A B C D E
1 2 3 4
AMÉRICA DEL NORTE
Estrecho de Bering
Mar de Beaufort
ALASKA
GROENLANDIA
Bahía de Baffin
Bahía de
LABRADOR

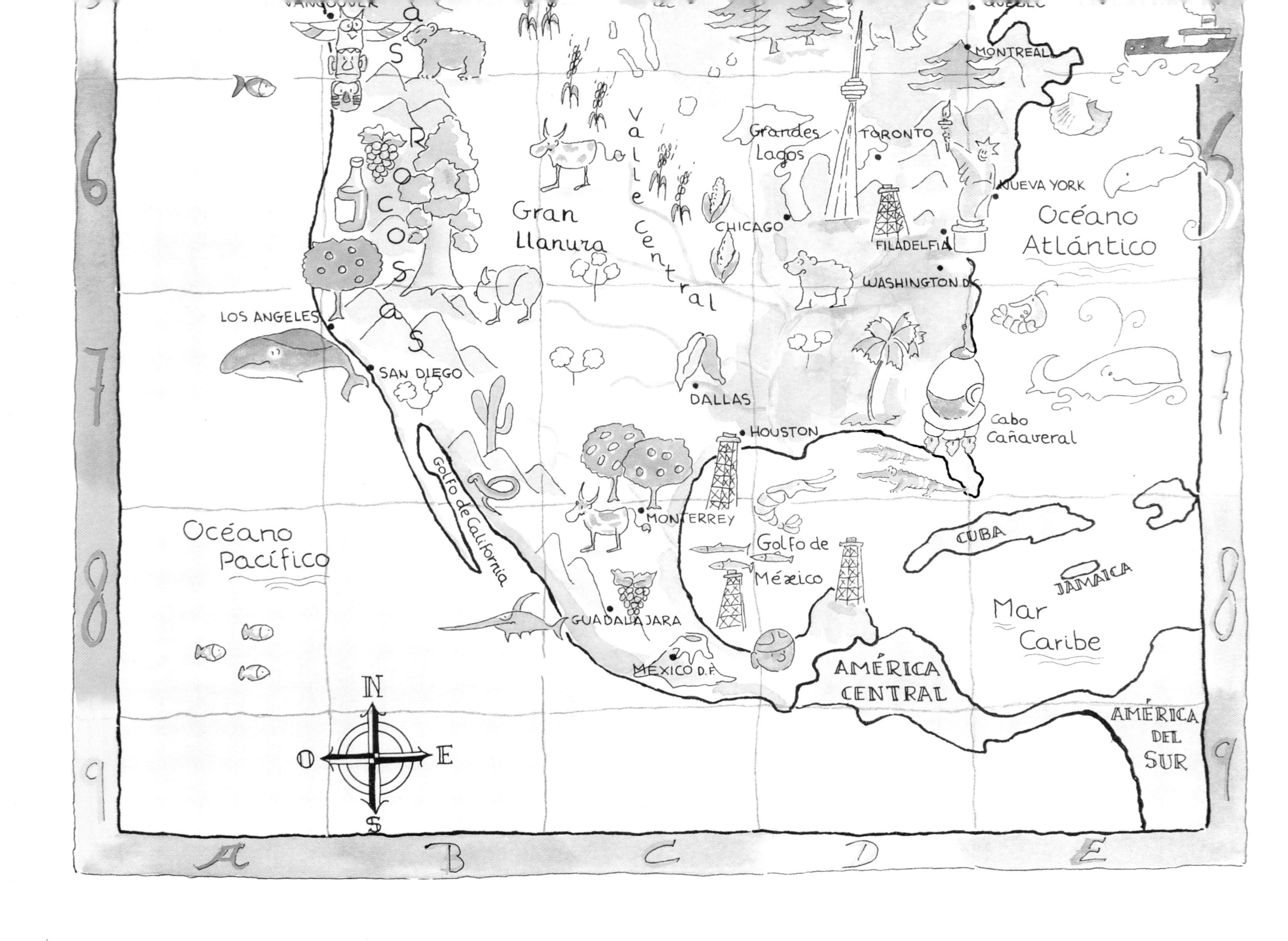

MONTREAL
TORONTO
Grandes Lagos
NUEVA YORK
Océano Atlántico
CHICAGO
FILADELFIA
WASHINGTON D.C.
Gran Llanura
Valle Central
LOS ANGELES
SAN DIEGO
DALLAS
HOUSTON
Cabo Cañaveral
Golfo de California
MONTERREY
Océano Pacífico
Golfo de México
CUBA
JAMAICA
Mar Caribe
GUADALAJARA
MÉXICO D.F.
AMÉRICA CENTRAL
AMÉRICA DEL SUR
N
O
E
S
6
7
8
9
A
B
C
D
E

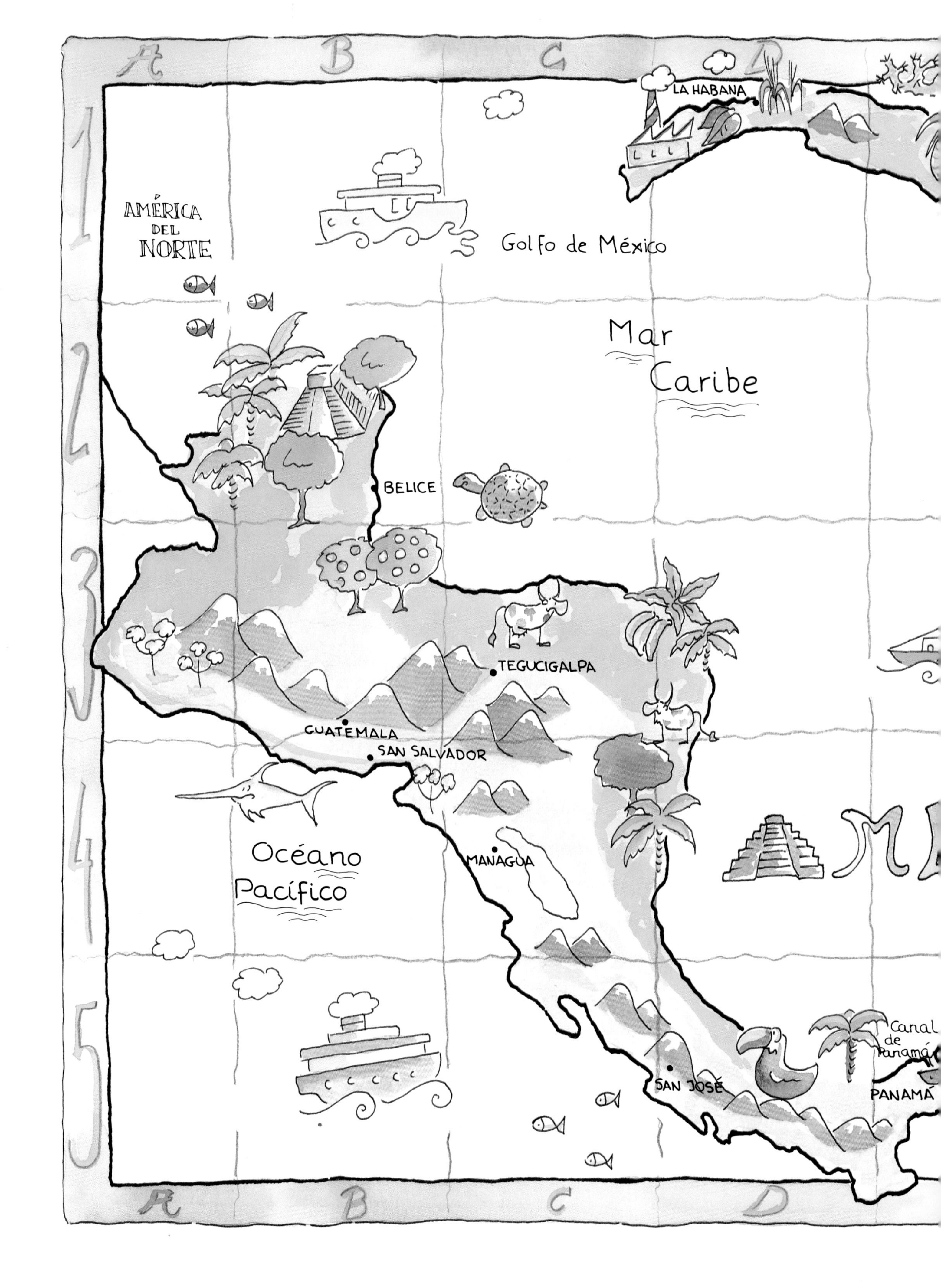
A
B
C
D
1
2
3
4
5
LA HABANA
AMÉRICA DEL NORTE
Golfo de México
Mar Caribe
BELICE
TEGUCIGALPA
GUATEMALA
SAN SALVADOR
MANAGUA
Océano Pacífico
SAN JOSÉ
Canal de Panamá
PANAMÁ

F
G
H
I
1
2
3
4
5
KINGSTON
PUERTO PRÍNCIPE
SANTO DOMINGO
SAN JUAN
N
O
E
S
AMÉRICA DEL SUR
F
G
H
I

AMÉRICA CENTRAL
CARACAS
Mar Caribe
N
O
E
S
GEORGETOWN
PARAMARIBO
Océano Atlántico
BOGOTÁ
QUITO
LIMA
LA PAZ
BRASILIA
Selva Amazónica
Meseta del Matto Grosso
A n d e s

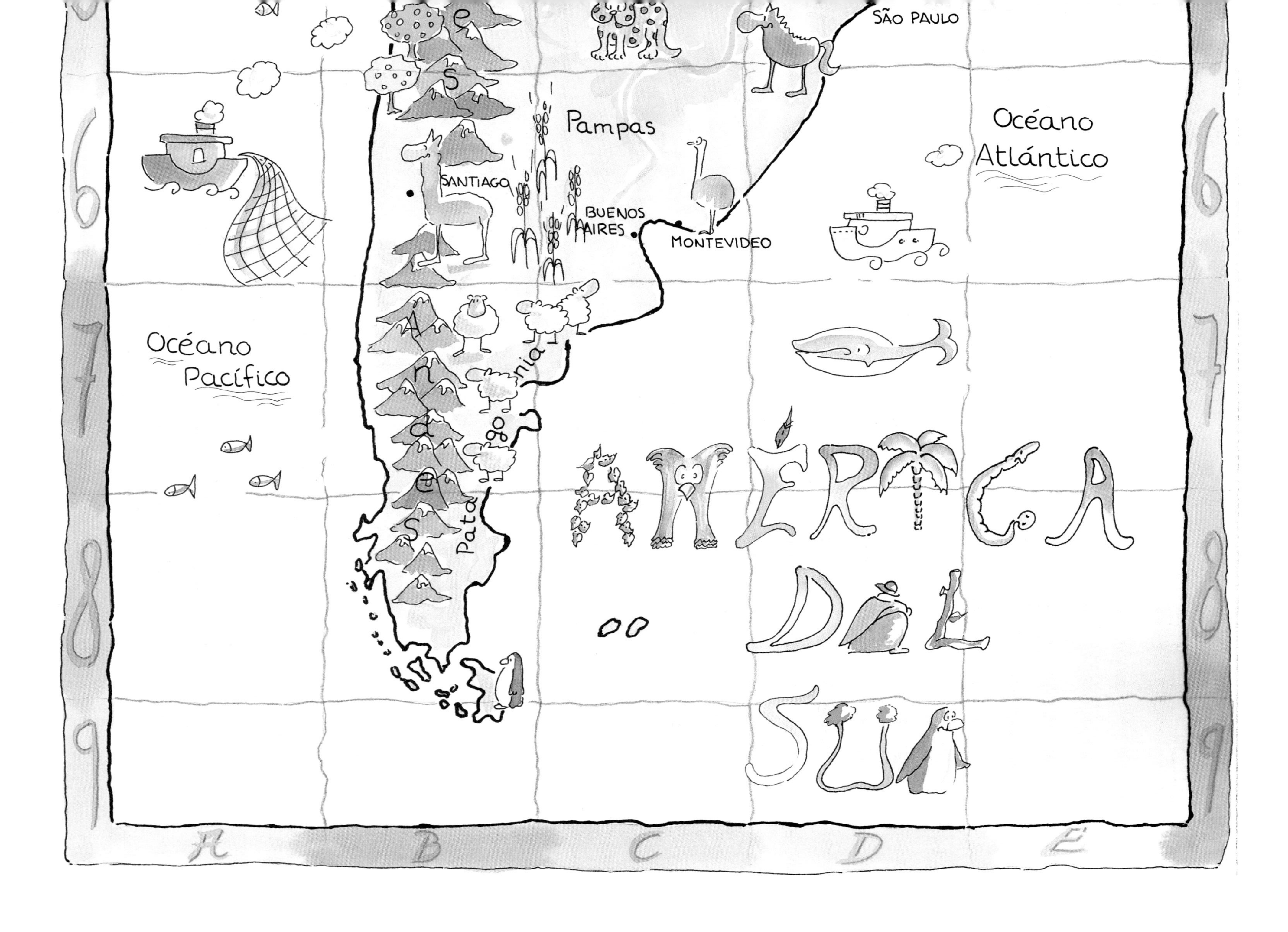
AMÉRICA DEL SUR
Océano Atlántico
Océano Pacífico
SÃO PAULO
Pampas
SANTIAGO
BUENOS AIRES
MONTEVIDEO
Andes
Patagonia
A
B
C
D
E
6
7
8
9

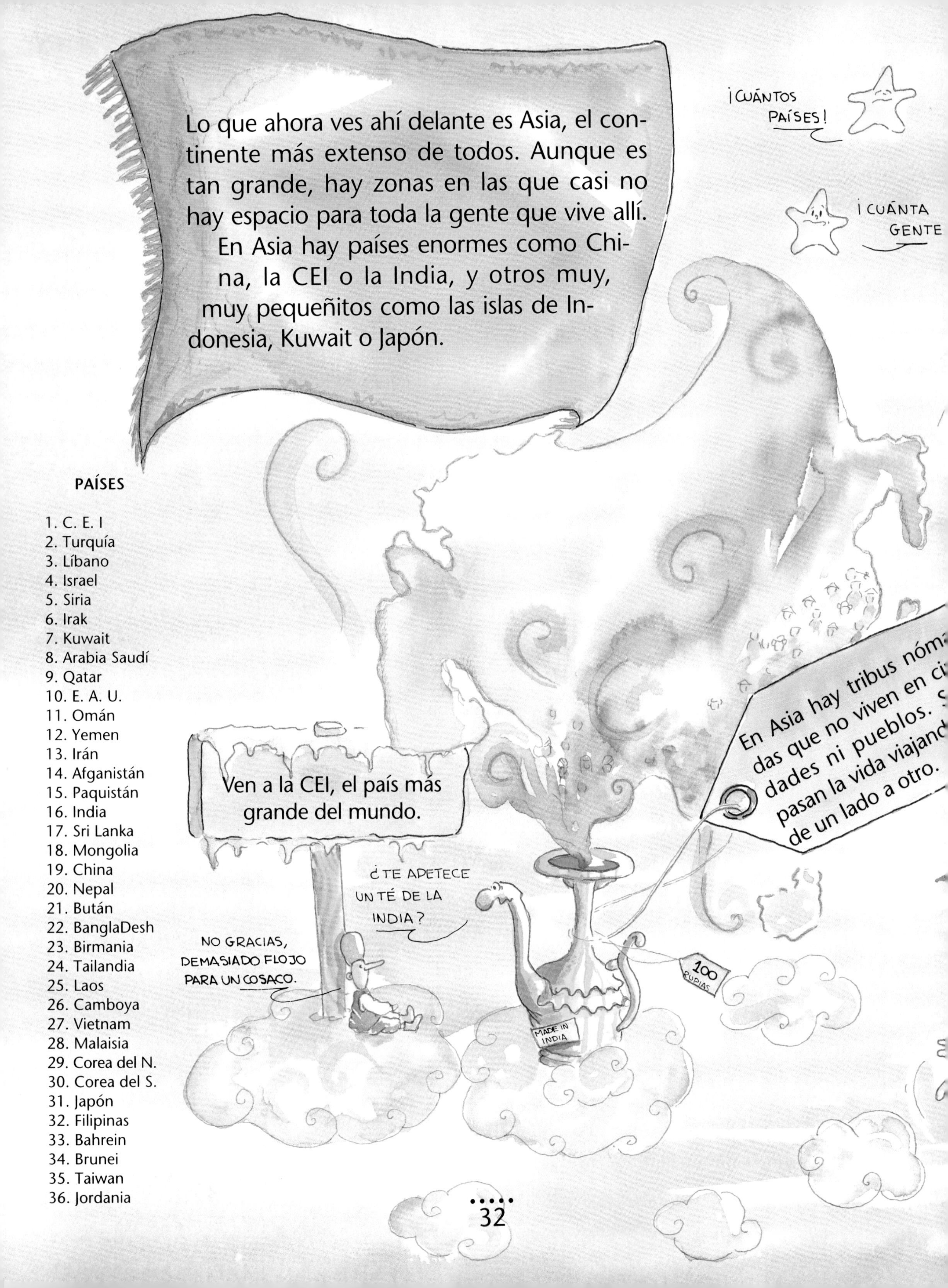
Lo que ahora ves ahí delante es Asia, el continente más extenso de todos. Aunque es tan grande, hay zonas en las que casi no hay espacio para toda la gente que vive allí.
En Asia hay países enormes como China, la CEI o la India, y otros muy, muy pequeñitos como las islas de Indonesia, Kuwait o Japón.
¡CUÁNTOS PAÍSES!
¡CUÁNTA GENTE
PAÍSES
1. C. E. I
2. Turquía
3. Líbano
4. Israel
5. Siria
6. Irak
7. Kuwait
8. Arabia Saudí
9. Qatar
10. E. A. U.
11. Omán
12. Yemen
13. Irán
14. Afganistán
15. Paquistán
16. India
17. Sri Lanka
18. Mongolia
19. China
20. Nepal
21. Bután
22. BanglaDesh
23. Birmania
24. Tailandia
25. Laos
26. Camboya
27. Vietnam
28. Malaisia
29. Corea del N.
30. Corea del S.
31. Japón
32. Filipinas
33. Bahrein
34. Brunei
35. Taiwan
36. Jordania
En Asia hay tribus nóma
das que no viven en ci
dades ni pueblos.
pasan la vida viajand
de un lado a otro.
Ven a la CEI, el país más grande del mundo.
¿TE APETECE UN TÉ DE LA INDIA?
NO GRACIAS, DEMASIADO FLOJO PARA UN COSACO.
100 RUPIAS
MADE IN INDIA

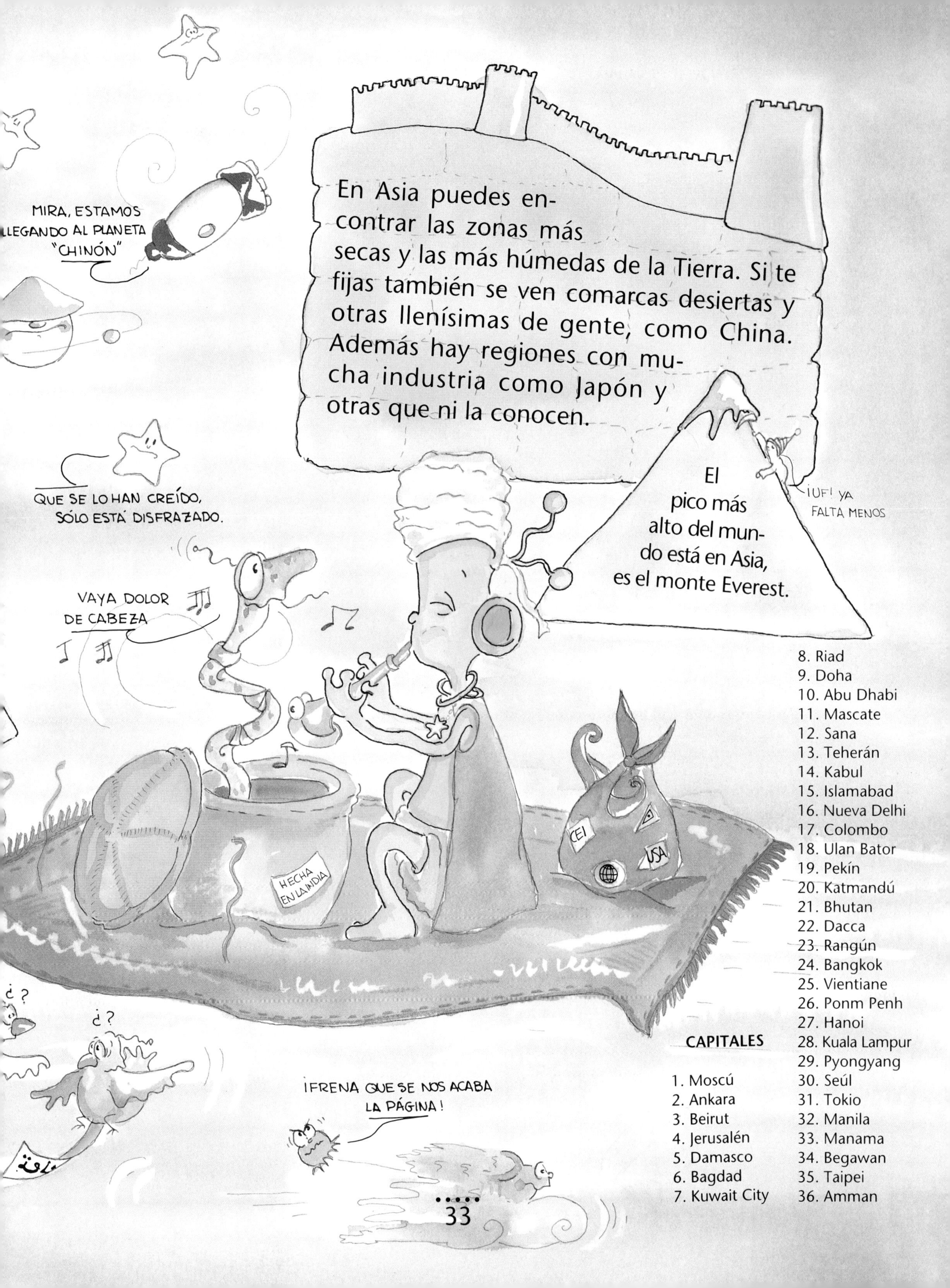

MIRA, ESTAMOS LLEGANDO AL PLANETA "CHINÓN"
QUE SE LO HAN CREÍDO, SÓLO ESTÁ DISFRAZADO.
VAYA DOLOR DE CABEZA
¡UF! YA FALTA MENOS
HECHA EN LA INDIA
CEI
USA
¿?
¿?
¡FRENA QUE SE NOS ACABA LA PÁGINA!

En Asia puedes encontrar las zonas más secas y las más húmedas de la Tierra. Si te fijas también se ven comarcas desiertas y otras llenísimas de gente, como China. Además hay regiones con mucha industria como Japón y otras que ni la conocen.

El pico más alto del mundo está en Asia, es el monte Everest.

CAPITALES

1. Moscú
2. Ankara
3. Beirut
4. Jerusalén
5. Damasco
6. Bagdad
7. Kuwait City
8. Riad
9. Doha
10. Abu Dhabi
11. Mascate
12. Sana
13. Teherán
14. Kabul
15. Islamabad
16. Nueva Delhi
17. Colombo
18. Ulan Bator
19. Pekín
20. Katmandú
21. Bhutan
22. Dacca
23. Rangún
24. Bangkok
25. Vientiane
26. Ponm Penh
27. Hanoi
28. Kuala Lampur
29. Pyongyang
30. Seúl
31. Tokio
32. Manila
33. Manama
34. Begawan
35. Taipei
36. Amman

A
B
C
D
1
2
3
4
5
EUROPA
Mar Negro
ANKARA
Mar Caspio
Montes Urales
Estepa Rusa
BEIRUT
JERUSALÉN
DAMASCO
AMMAN
BAGDAD
TEHERÁN
Mar de Aral
Mar Rojo
KUWAIT-CITY
Golfo Pérsico
KABUL
ISLAMABAD
Himalaya
RIAD
MANAMA
DOHA
ABU DHABI
MASCATE
SANA
NUEVA DELHI
KATMANDU
BHUTÁN
DACCA
Mar Arábigo
ÁFRICA
Golfo de Bengala
RANGÚN
BANGKOK
COLOMBO

F
G
H
I
Mar de Laptev
Mar de
Bering
Mar de
Okhotsk
Océano
Pacífico
Desierto
de Gobi
Mar
del Japón
PYONGYANG
PEKÍN
SEÚL
TOKIO
Mar
de China
TAIPEI
N
O
E
S
MANILA
Mar de
China
BEGAWAN
1
2
3
4
5
F
G
H
I

Oceanía es el continente más pequeño. Está formado por Australia, Nueva Zelanda y gran cantidad de pequeñas islas del océano Pacífico. Sus primeros habitantes fueron los aborígenes en Australia y los maoríes en Nueva Zelanda, aunque ahora vive gente de todo el mundo.

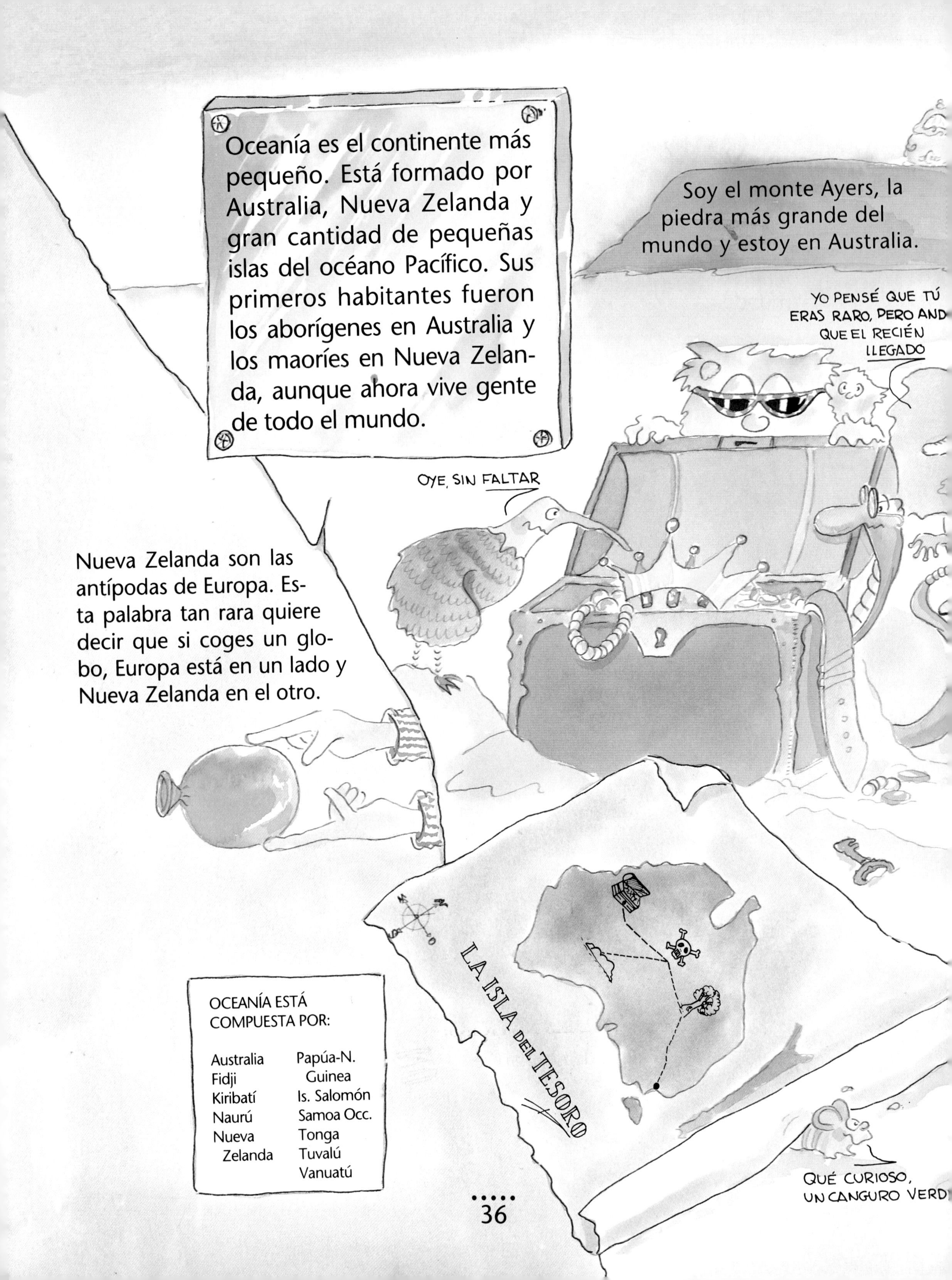

Soy el monte Ayers, la piedra más grande del mundo y estoy en Australia.
YO PENSÉ QUE TÚ ERAS RARO, PERO AND QUE EL RECIÉN LLEGADO
OYE, SIN FALTAR
LA ISLA DEL TESORO
QUÉ CURIOSO, UN CANGURO VERD

Nueva Zelanda son las antípodas de Europa. Esta palabra tan rara quiere decir que si coges un globo, Europa está en un lado y Nueva Zelanda en el otro.

OCEANÍA ESTÁ COMPUESTA POR:

- Australia
- Fidji
- Kiribatí
- Naurú
- Nueva Zelanda
- Papúa-N. Guinea
- Is. Salomón
- Samoa Occ.
- Tonga
- Tuvalú
- Vanuatú

Australia es una de las islas más grandes del mundo.
En Oceanía hay animales muy raros que no viven en los otros continentes, como el canguro, el koala y el kiwi. A pesar de estar tan lejos, muchos europeos quisieron visitar Oceanía. El capitán inglés James Cook fue el primero en llegar a Nueva Zelanda.
AMBIENTADOR PARA BOLSAS
VAYA, TE VAS A DAR UNA VUELTA Y TE QUITAN EL PUESTO
ÚLTIMAS NOTICIAS:
Al norte de Australia se ha descubierto la Gran Barrera de Arrecifes de coral. Su longitud es de 2 000 km.

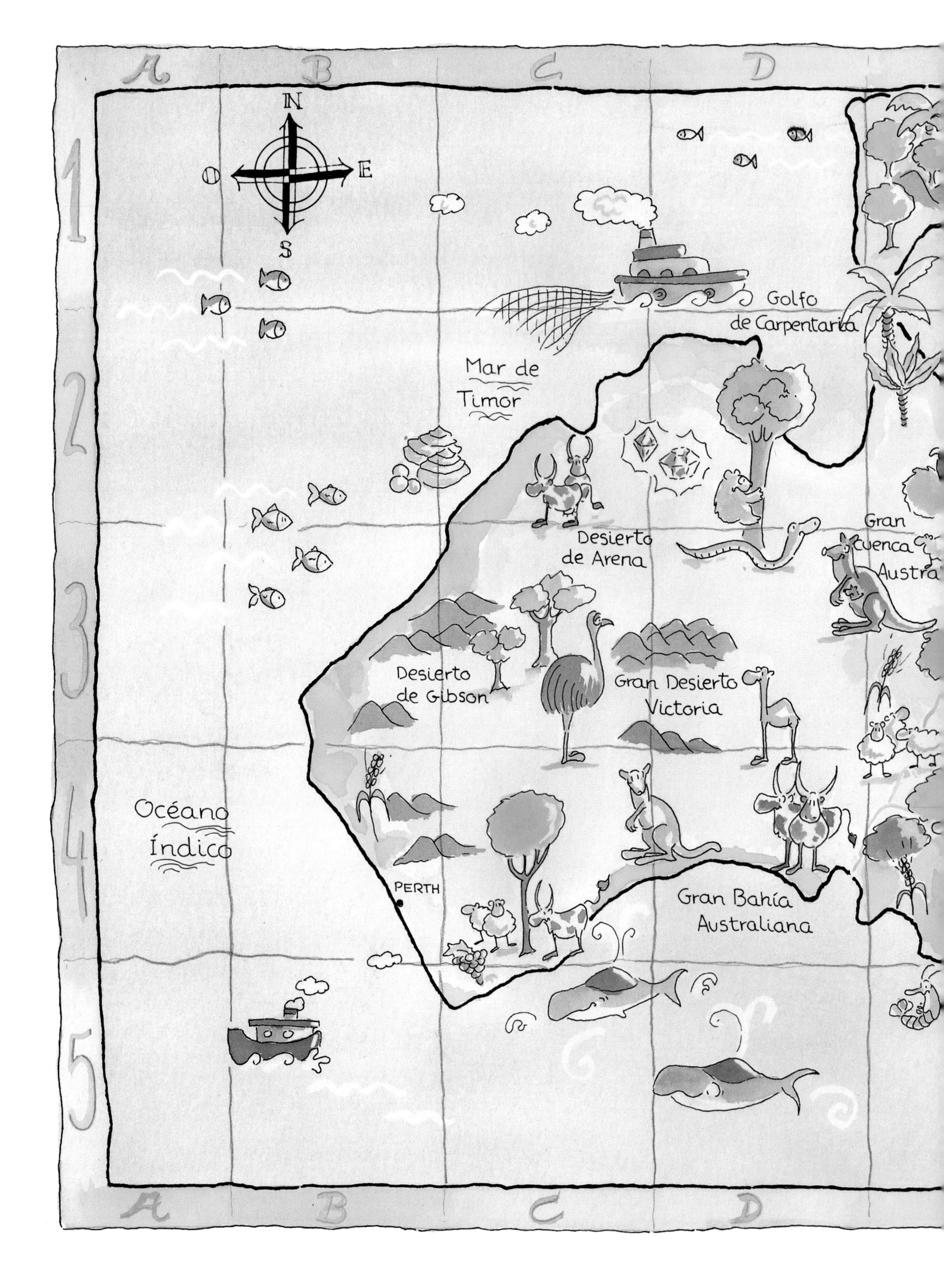
A
B
C
D
N
O
E
S
1
2
3
4
5
Golfo
de Carpentaria
Mar de
Timor
Desierto
de Arena
Gran
Cuenca
Austra
Desierto
de Gibson
Gran Desierto
Victoria
Océano
Índico
PERTH
Gran Bahía
Australiana
A
B
C
D

F
G
H
I
Papúa-
Nueva
Guinea
Islas
Salomón
OCEANÍA
Océano
Pacífico
BRISBANE
SIDNEY
Mar de
Tasmania
Tasmania
HOBART
Nueva
Zelanda
AUCKLAND
WELINGTON
Alpes
del Sur
1
2
3
4
5

Esto es Europa. Es un continente muy poblado, gracias a su buen clima, aunque en el Norte hace mucho más frío que en el Sur. ¡Mira cuántos campos!: Europa tiene una agricultura muy rica.

PAÍSES

1. Portugal
2. España
3. Irlanda
4. Islandia
5. Reino Unido
6. Francia
7. Bélgica
8. Holanda
9. Suiza
10. Italia
11. Alemania
12. Dinamarca
13. Austria
14. Eslovenia
15. Croacia
16. Yugoslavia
17. Bosnia-H.
18. Albania
19. Grecia
20. Bulgaria
21. Rumanía
22. Hungría
23. Chequia
24. Eslovaquia
25. Polonia
26. Suecia
27. Noruega
28. Finlandia
29. Estonia
30. Letonia
31. Lituania
32. Rusia
33. Liechtenstein
34. Luxemburgo
35. Mónaco

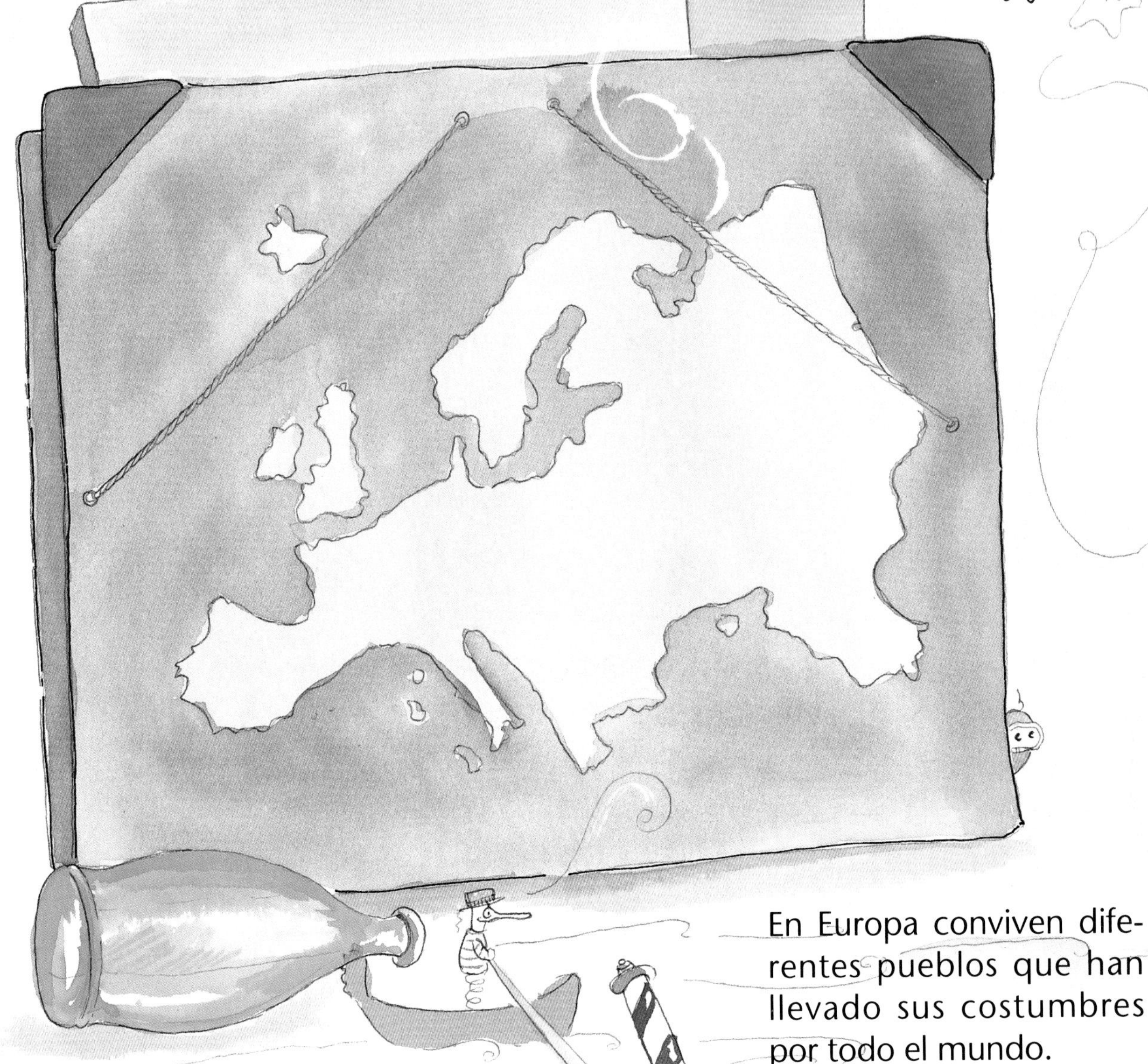

¿y yo?
¡ji ji!
¡yo pertenezco a la bandera de la Comunida Europea!
¡y yo!

En Europa conviven diferentes pueblos que han llevado sus costumbres por todo el mundo.

El lago de agua salada más grande del mundo es el mar Caspio y está en Europa.

El país europeo Ciudad del Vaticano es el más pequeño del mundo.

En Europa hay grandes montañas como los Alpes, los Pirineos o los Urales, y grandes llanuras verdes y amarillas, como la campiña francesa o la meseta de la Península Ibérica. En las ciudades vive mucha gente, pues son grandes centros industriales.

Suiza es el país más pacífico de la Tierra. No ha estado en guerra desde 1815.

CAPITALES

1. Lisboa
2. Madrid
3. Dublín
4. Reykiavik
5. Londres
6. París
7. Bruselas
8. Amsterdam
9. Berna
10. Roma
11. Berlín
12. Copenhague
13. Viena
14. Liubliana
15. Zagreb
16. Belgrado
17. Sarajevo
18. Tirana
19. Atenas
20. Sofía
21. Bucarest
22. Budapest
23. Praga
24. Bratislava
25. Varsovia
26. Estocolmo
27. Oslo
28. Helsinki
29. Tallin
30. Riga
31. Vilna
32. Moscú
33. Vaduz
34. Luxemburgo
35. Mónaco

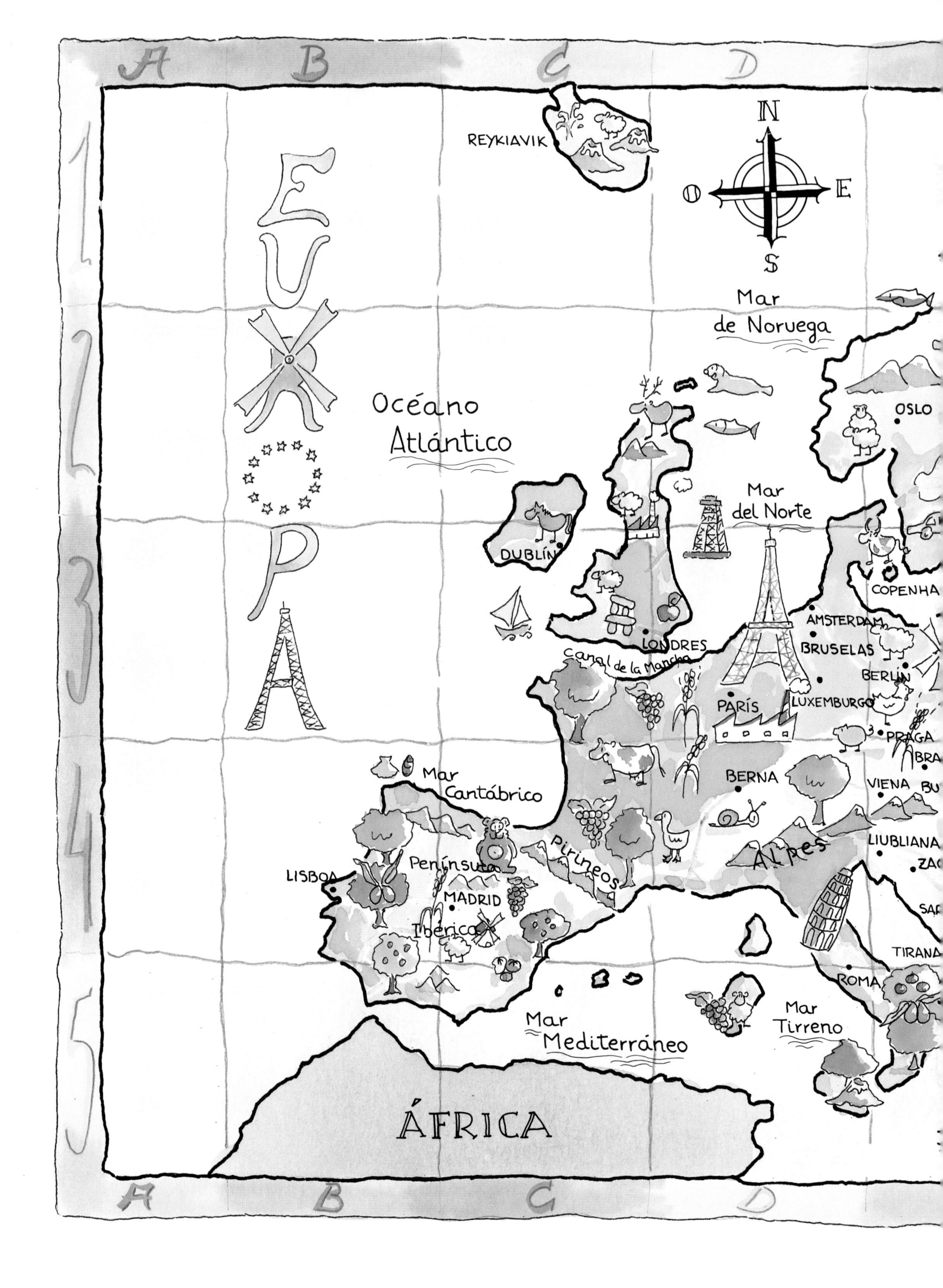
A
B
C
D
1
2
3
4
5
EUROPA
REYKIAVIK
N
O
E
S
Mar
de Noruega
Océano
Atlántico
OSLO
Mar
del Norte
DUBLÍN
COPENHA
AMSTERDAM
BRUSELAS
LONDRES
Canal de la Mancha
BERLÍN
PARÍS
LUXEMBURGO
PRAGA
BRA
BERNA
VIENA
BU
Mar
Cantábrico
LIUBLIANA
ZA
Alpes
Pirineos
Península
Ibérica
LISBOA
MADRID
SA
TIRANA
ROMA
Mar
Tirreno
Mar
Mediterráneo
ÁFRICA

F
G
H
I
Laponia
Mar Blanco
Urales
ASIA
HELSINKI
STOCOLMO
TALLIN
Mar
ltico
RIGA
MOSCÚ
VILNA
Cárpatos
BELGRADO
BUCAREST
SOFÍA
Mar Negro
Mar Caspio
ESTAMBUL
ATENAS
Mar Egeo
ASIA
1
2
3
4
5
F
G
H
I

En la punta sur de Europa está España. Los fenicios, los griegos, los romanos, los bárbaros y los árabes pasaron por aquí. Y de ella salieron muchas de las personas que descubrieron América.

El emperador español Felipe II gobernó uno de los Imperios más grandes de la Historia.

LA CORUÑA
LUGO
PONTEVEDRA
ORENSE
Océano Atlántico
PORTUGAL
BADAJOZ
HUELVA
la Palma
Islas Canarias
lanzarote
Gomera
SANTA CRUZ
Hierro
Tenerife
LAS PALMAS
Gran Canaria
Fuerteventura

Venga a España a pasar sus vacaciones. Hay sol, bonitas playas y muchos monumentos que visitar.

En España puedes encontrar diferentes tipos de paisaje: montañas, valles y grandes ríos que la atraviesan en todas las direcciones. Su clima es templado, el mes más frío es enero y el más caluroso agosto.

Más de 300 millones de personas en el mundo hablan español.

Los españoles trabajan en la agricultura, la industria, la pesca y la ganadería.

Bueno amigos, ha llegado el momento de regresar a mi estrella. ¡No lloréis!... os voy a dejar algunas «preguntillas» para que recordéis todo lo que hemos visto y aprendido juntos. Un viaje como éste alrededor de la Tierra y el Sistema Solar duraría años, en mi nave sólo hemos tardado el tiempo de leer este libro.

EL SISTEMA SOLAR (p. 10-1

1. A ver si recuerdas todos l
planetas que hemos
visto juntos.

ÁFRICA (p.22-23)

1. ¿Sabrías decirme el nombre de los cuatro animales salvajes que aparecen en la casilla D-5 del mapa?

2. Ya sabes que el desierto del Sahara está en África y además es el lugar más caluroso de la Tierra. ¿Cuántas casillas ocupa en el mapa?

AMÉRICA CENTRAL (p.28-29)

1. El canal de Panamá es un paso que comunica el Océano Atlántico con el Pacífico. ¿Ya lo has encontrado?

2. Las culturas precolombinas también construyeron pirámides. ¿En qué casilla ves una?

AMÉRICA DEL NORTE (p.26-27)

1. ¿Podrías encontrar en el mapa la Estatua de la Libertad? Es una señora con una estrella en la cabeza y una antorcha. Vive en Nueva York.

2. Hay un cohete en el mapa, que señala el lugar desde donde partieron los primeros hombres a la luna. ¿Dónde está?

AMÉRICA DEL SUR (p.30-31)

1. La selva Amazónica es la extensión verde más grande del planeta. ¿Cuántas casillas ocupa en el mapa?

2. Uno de los animales típicos de América del Sur es la llama, una especie de camello sin jorobas. ¿Dónde ves dos en el mapa? Te daré una pista, vive en los Andes.

ASIA (p.34-35)

1. En Asia podrás encontrar un tren muy largo. Es el Transiberiano y recibe este nombre porque une dos continentes atravesando toda Siberia. ¿Podrías decirme en qué otro continente puedes ver este tren?

2. ¿Cuántas casillas ocupa la Gran Muralla China?

OCEANÍA (p.38-39)

1. En Australia habitan dos animales muy raros, que sólo podrás encontrar aquí. Son el canguro, una especie de perro que se desplaza dando saltos, y el koala, algo parecido a un osito que trepa a los árboles. Intenta encontrarlos en el mapa.

EUROPA (p.42-43)

1. Uno de los monumentos más famosos de Europa es la torre Eiffel, está en París la capital de Francia. ¿Podrías encontrarla?

2. Si miras hacia Rusia podrás ver un castillo de cuento con muchos colores, es el Kremlin y está en Moscú.

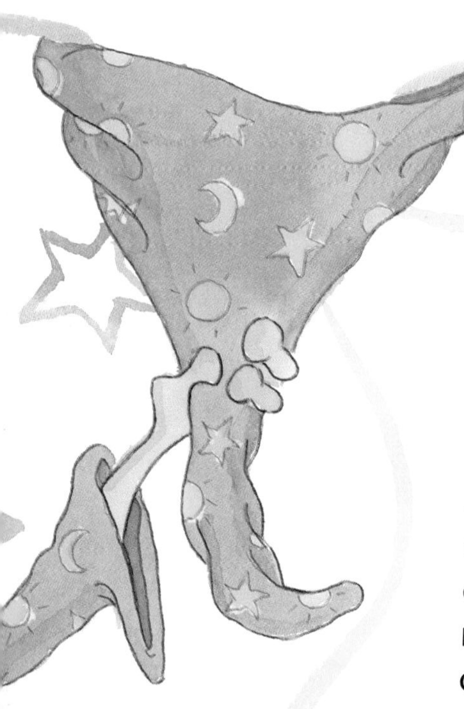

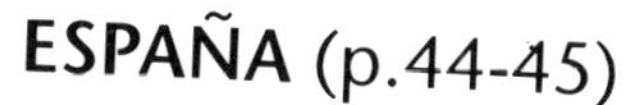

ESPAÑA (p.44-45)

1. En España la ganadería es muy importante. ¿Cuántas vacas, cerdos y ovejas ves en el mapa?

2. El oso pardo es una especie en extinción, quedan muy pocos en España y en todo el mundo. ¿Cuántos puedes encontrar en el mapa?

SOLUCIONES

EL SISTEMA SOLAR
1. Sol, 2. Mercurio, 3. Venus, 4. Tierra, 5. Marte, 6. Júpiter, 7. Saturno, 8. Neptuno, 9. Urano, 10. Plutón

ÁFRICA
1. León, ñu, hipopótamo y mono
2. (2) B-3 y C-3

AMÉRICA DEL NORTE
1. D-6 y E-6
2. D-7 y E-7

AMÉRICA CENTRAL
1. E-5
2. B-2

AMÉRICA DEL SUR
1. (4) B-2, B-3 C-2 y C-3
2. B-4 y B-6

ASIA
1. Europa, pág. 42-43
2. D-3, E-3 y F-3

OCEANÍA
1. D-2, D-3, D-4 y E-3

EUROPA
1. D-3
2. F-3

ESPAÑA
1. 3 vacas, 2 cerdos y 4 ovejas.
2. Sólo uno, en la cordillera Cantábrica.